한쪽 가슴이 없는 여자

한쪽 가슴이 없는 여자

정군수 시집

인간과문학사

시인의 말

저 산에는 멧돼지가 몇 마리나 살고 있을까
고라니 너구리 뱀 산토끼 가족들은
눈 쌓이는 겨울 굶어죽지는 않았는지
저 산은 몇 개의 암자를 품고 살까
큰 바위는 지금도 신비한 말을 감추고 있는지
산봉우리 구름은 얼마나 쉽게 산을 떠났는가

산의 안부가 궁금하여
나는 오늘도 산을 보며 산다

2021년 7월
모악산이 보이는 작은 집에서
정 군 수

| 차례 |

시인의 말

제1부
어머니는 시인이었다

어머니는 시인이었다 • *14*
황금잉어빵 • *16*
그 겨울의 찻집 • *17*
겨울나무에게 • *18*
축복 • *19*
저승 물소리 • *20*
아버지의 낫 • *21*
봄날은 있다 • *22*
사는 이유 • *23*
아까시꽃만큼만 살아도 • *24*
원죄는 없다 • *25*
숫눈* • *26*
어느 삶의 이야기 • *28*
나 때문에 비가 내린다 • *29*

제2부

실성거리는 연습

실성거리는 연습 • 32
무주에 가고 싶은 날 • 33
한쪽 가슴이 없는 여자 • 34
그 목탁 소리가 듣고 싶다 • 36
돌 • 37
바람은 안다 • 38
허구렁 • 39
물들기 • 40
썩는다는 것 • 41
배추흰나비 • 42
그리운 이 • 43
토란土卵 • 44
봄날에 그린 그림 1 • 45

제3부
상고대 곁을 지나며

상고대 곁을 지나며 • *50*
접어 넣기 • *51*
메주꽃 • *52*
아름다운 각인 • *53*
하늘못 찻집 • *54*
하늘 허물기 • *55*
절대 고독 • *56*
설 • *57*
겨울산 • *58*
아름다운 편견 • *59*
시인의 노래 • *60*
풍남문 • *62*
개화 • *64*

제4부
초록 지문을 빚는 여자

초록 지문을 빚는 여자 • 66
싹이야 날 리 없겠지만 • 67
나잇값 • 68
곶감 • 69
무궁화꽃길 훤해라 • 70
억새와 으악새 • 72
한계령 • 73
농주 • 74
삶의 제목 • 76
우포늪, 겨울로 가는 • 77
초미세먼지 • 78
빛과 그림자 • 80
파김치 • 82
치매 • 83

제5부
몽골반점을 찾아서

몽골반점을 찾아서 • 86
고비사막, 죽음을 생각하기 좋은 땅 • 88
고비사막에 내리는 비 • 90
고비사막에 뜨는 별 • 92
연암, 그대는 고비사막에서 어떤 울음을 울까 • 94
겨울나비 • 96
미역귀 • 97
쑥고개 • 98
동진강 • 100
의병의 곁에 눕다 • 102
봄날에 그린 그림 2 • 106
정여립의 꽃 • 108
붉은머리오목눈이의 사랑 • 110

제6부
더디 오소서

더디 오소서 • *112*

거리두기 • *114*

비상구 없는 탈출 • *115*

마스크꽃 • *116*

지워진 마을 • *117*

지옥도 속에 내가 있다 • *118*

무논 • *119*

소금불 • *120*

겨울 안개 • *122*

호박에 대한 명상 • *124*

동학군의 아내 • *126*

나를 보내며 • *128*

보공補空 • *130*

| 해설 |

'백신'이 없는, 사랑과 영혼의 '변종 시학' – 왕태삼(시인) • *131*

제1부
• • •

어머니는 시인이었다

어머니는 시인이었다

보리모가지가 달빛에 푸르렀다

마실 다녀온 할머니가 목이 마려워
마루에 놓인 숭늉을 마시려고 양푼을 들자
그 속에 허연 누룽지가 남아있었다

저런, 이 아까운 것을
할머니는 수저를 가져다가 떠먹고 또 떠먹고
양푼이 바닥날 때까지 숭늉을 떠먹었다

여름밤 밀짚방석을 깔아놓고 어머니 곁에 누우면
은하수가 정지문 앞으로 와야 잠이 드는 나에게
어머니는 이 이야기를 들려주셨다

숭늉 그릇에 남아있는 누룽지는
달빛에 비친 할머니의 흰머리였노라고

정지문 앞으로 은하수가 흐르면
할머니의 숭늉에 은하수가 떠있었노라고

어머니는 시인이었다

황금잉어빵

황금잉어빵을 굽는 엄마의 손수레에
노란 은행잎이 쌓여
왕비가 타는 황금 마차가 되었다
오늘밤 들어갈 땐 황금잉어빵 말고
딸이 좋아하는 피자 한 판 사들고 가야지
왕비가 되었어도 엄마는 가난하고
손수레만 부자가 된 쓸쓸한 가을밤
엄마는 팔다 남은 차디찬 황금잉어빵을 안고
어제처럼 집으로 간다
엄마의 품안에서 황금잉어빵은
가난한 집 초인종 소리를 듣고
따스한 피자가 되었다

그 겨울의 찻집

조명이 낮은 전통찻집에서
치매 할머니는 콩나물을 다듬고
그 딸은 낡은 피아노를 친다
대추차를 마시며 나는 물었다
맨날 콩나물을 다듬나요
천 원어치 사다 주면
하루 종일 다듬어요
대추차 같은 어둠에서
콩나물 대가리가 보이지 않아도
할머니는 콩나물을 잘 다듬고
낡은 콩나물 악보를 보며
딸은 반달 동요를 친다
할머니는 입을 딸싹이며 따라한다
눈보라 치면 밖이 보이지 않아도
할머니는 푸른 하늘 은하수로 간다

겨울나무에게

벌거벗었다고 옷 주거든 받지 말게나
쉴 곳 없다고 돌아서거든 부르지 말게나

새들이 떠나고 빈 둥지만 남았어도
외로움 타지 않고 살았다네

찬바람으로 이성을 깨우지 말게나
남은 온기로 사랑을 만들지 말게나

언 땅에 발을 묻고
바람에게 머리채 뜯기며 살았다네

군중의 광장에서 혼자 서있다고 말하지 말게나
갈봄여름에 떠밀려 왔노라 말하지 말게나

설해목 우는 산중에서
하늘로 손을 뻗고 살았다네

축복

내가 사는 아파트 주변에는 예수 제자처럼
열두 개의 교회가 있다
크리스마스가 가까워오자 반짝이는 네온이
십자가 지붕에서 빛나기 시작했다
큰 교회에서 가장 많은 네온이 빛났고
작은 교회가 다음으로 빛났다
더 작은 교회는 가난해서
네온 대신 작은 화분에 트리를 만들었다
눈 오지 않은 크리스마스
십자가에 추위가 몰려오는데
더 작은 교회에는 소복소복 눈이 내렸다
작은 화분의 트리에 눈이 쌓였다
예수님이 축복 하나 흘리고 가셨다

저승 물소리

저승을 갔다 오지 않았어도
가을 언덕에 서면 억새의 뿌리가
저승의 물소리와 이어졌다는 것을 안다
그곳은 너무 멀고 아득하여
나의 귀에 들리지 않지만
가을 억새는 영혼이 맑아 그 소리를 듣고
한밤중에도 하얗게 몸을 흔든다
저 혼자만 흔들리다가 때로는 나를 불러
물소리를 들려주어도
내 귀는 어둡고 답답하여 들리지 않는다
가을 언덕에서 나는 흔들리지 못하고
고집스럽게 서있다
머리가 희어질 때까지
저승 물소리를 부르고 있다

아버지의 낫

대장간 앞을 지나는데
슴베가 긴 황새목낫이 나를 보고 있어
한 자루를 사서 베란다에 걸어놓고
몇 해를 잊고 지낸 어느 가을밤
스륵 스르륵 벼 베는 소리가
겨울밤에는 탁 탁 탁 청솔가지 치는 소리가
여름밤에는 슥 슥 슥 풀 베는 소리가
그런 밤이면 달은 너무 밝아
둘러보았지만 아무도 없고
소리만 한 다발씩 묶여있었지
녹슨 낫만 걸려있었지
나는 그게 아버지 소리라는 것을 알고
대장간을 찾아가 녹슨 날을 벼리어
그 자리에 걸어놓고 기다렸지만
소리는 찾아오지 않고
둥근 달만 떠서
날카로운 황새목 날만 보고 있었지

봄날은 있다

쑥 한 바구니 캐서 끓여 놓으니
온 집안이 쑥국 냄새 엎질러져 난장판이 되었다
나물국 먹은 나는
달음박질하는 봄을 따라 언덕을 오르고
저만큼 아내는
갓 태어난 봄볕처럼 들녘을 헤맨다

– 봄나물국은 눈으로 먹는 거야
파릇한 풀싹이 눈에서 피어나는 거야

– 후루룩 국물 소리를 먹는 거야
간질거리는 입을 막고
온몸에 쑥 향기를 처바르는 거야

쑥국 맛보다
시어머니한테 맞아죽은 며느리
쑥국 쑥국 쑥국 쑥국새 운다
봄날은 아직 멀었다

사는 이유

기차가 굉음을 울리며 지나가자
철길 시멘트 침목 아래에서 잠자던 민들레가
태연하게 기지개를 켄다
노오란 얼굴 두 개가 웃는다
그가 지어놓은 집은 끄떡없다

대합실로 빠져나가는 표정 없는 얼굴들
그들은 오늘 하루를 어떻게 살까
새끼들을 위하여
내가 지동설을 무시하고 살아왔듯
그들도 기차 소리를 무시하고 산다

민들레는 기차의 무게를 몸으로 받는다
철길 밖으로 홀씨를 날려 보내고 싶어
철로와 시멘트 침목 사이에서 봄 한철
사글세로 산다

아까시꽃만큼만 살아도

네 몸에 가시가 있다는 것이
초록으로 어울려 사는 데 불편함이 있으랴
박토에서 거칠어진 몸뚱이가
꽃을 피우는데 무슨 허물이 되랴
오월이 오는 날 문득
너는 둑을 허물고 폭포처럼 쏟아져
어머니의 밭고랑을 넘어간다
봄날이 가기도 전에
네 삶의 절정을 거두어
다시 초록으로 묻혀버리는 태연함에
나는 놀라지 않는다
초록 틈에 살다 초록 틈으로 스러지는
너만큼만 살아도 행복하다
초록은 초록으로 살 뿐
꽃 진 자리를 모르는 너만큼만 살아도
큰 나무가 부럽지 않다

원죄는 없다

혼인색을 띠고
찔레꽃 덤불로 들어가는 저 꽃뱀 좀 봐

비단 허리띠 풀리듯 스르르르 느리게
요염한 혓바닥 날름거리며
짝을 찾아 가는 저 꽃무늬 좀 봐

네가 어찌 선과 악을 알랴
너는 창세기에 나오는 사탄이 아니다
그저 우리 뒷산에 사는 작은 짐승일 뿐

찔레꽃 덤불이 좋아 짝을 찾아간다

사랑이 끝나고
찔레꽃 향기 아래 혼곤히 잠들 무렵
너의 곁에는 사랑하는 짝만 있을 뿐
원죄는 없다

숫눈*

비무장지대, 눈밭을 달려가는 전우를 보았네
내 총구는 긴장하고
방아쇠를 당기면 내 전우는 쓰러져
숫눈 위에 붉은 꽃잎을 뿌릴 것이다

숫눈을 보았네
피 향기 나는 눈벌이 좋아 전우는 북으로 달음질치고
나는 불을 당기면
 전우는 눈 내리는 북쪽 하늘에 머리를 두고 죽을 것이다

 산양의 발자국도 반달곰의 숨소리도 숫눈의 길을 만들 수 없는
 GOP
 내가 아는 것은 그냥 방아쇠를 당겨야 한다는 것뿐
 숫눈의 자유가 눈부시다는 것을 몰랐네

싸락눈에 섞이던 대남방송이 나를 부르던 비무장지대
발 시린 보초를 서다 나는 눈 쌓인 북쪽으로 달려가고
먼저 간 전우는 숫눈 속에서 나를 손짓하고
불을 단 총구는 사정없이 내 몸에서 꽃무늬를 만들어 낼 것이다

전우의 영혼과 내 육신이 피를 뿌리고 죽어간 비무장지대
진달래 붉어도 눈 녹지 않는다
숫눈의 자유가 저리 희다는 것을 병영일지에 적으며
내 젊음은 숫눈길에서 죽는다

* 숫눈: 눈이 온 뒤 아무도 밟지 않고 쌓인 눈.

어느 삶의 이야기

가뭄이 들자
저수지는 빈민촌 같은 누더기를 걸치고
누워버렸다. 더 가뭄이 들자
삶의 뼈 조각들이 여기저기 나둥그러져 있었다
저수지는 저수지로 살고 싶지 않아
언덕의 풀씨를 날라다 초원을 만들었다
풀잎은 물결보다 춤을 잘 추었고
초원은 풀잎 노래를 불렀다
고라니가 물 대신 풀을 찾아 내려왔다
저수지는 사랑이 무엇인가를 알았다
어느 날 폭우가 내리자 초원은 온데간데없고
저수지는 옛날처럼 이마까지 출렁였다
물고기들이 손가락질하며 배신자라 했지만
저수지는 후회하지 않았다
초원에서 처음으로 사랑을 알았노라고
고라니와 풀벌레가 있었노라고
초원을 안고 저수지는 행복하게 늙어갔다

나 때문에 비가 내린다

한밤중 빗물 밖에서 쪼그리고 앉아
빗소리를 들으면
빗물은 전생에 짓던 일들을 들려준다
옥수수밭에서
톡톡 튀던 풀무치 노래를
연못에서
연꽃이 되지 못한 청개구리 울음을
강물에서
죽었다 태어나는 수많은 동그라미 이야기를.
오늘밤 나 때문에 내리는 비는
무슨 소리를 내며 어디로 갈까
망초꽃 도랑을 지나
가뭄에 지친 저수지로 들어갈까
큰 강을 따라 출렁거리며
고래가 사는 바다로 갈까
이승의 이야기를
밤 깊어 빗소리한테 듣는다

제2부
· · ·

실성거리는 연습

실성거리는 연습

단풍은
한꺼번에 물드는 것이 아니라

초록을 버리고 조금씩
실성거리다 실성거리다 미쳐서
고운 단풍이 든다

실성거리지 않고 시를 쓰랴
실성거리지 않고 사랑을 하랴

무주에 가고 싶은 날

반딧불이를 보려고
첫눈이 내리는 날 무주로 가는 사람은
한밤중 설천 풀밭에서
손만 잡고 별 이야기를 하다 돌아온
바보들이다

하늘에서 펄펄 내리는 눈이
반딧불이 아니라고 우기는 사람은
설천 풀밭에서 손 한번 못 잡아본
바보들이다

꼬리에 별 하나씩 달고 내리는 첫눈은
바보들한테만 온다

바보가 되고 싶은 날
첫눈 속으로 녹음이 지천으로 깔리는 날
나는 반딧불이를 보려고 무주에 간다

한쪽 가슴이 없는 여자

한쪽 가슴이 없는 여자를 사랑하였다
배가 닿지 못하는 바위섬에서
그녀는 억센 찔레넝쿨만 키우고 살았다
내가 헤엄쳐 건너가자
그녀는 사슴을 키우기 시작했다
찔레순을 먹은 사슴의 머리에서 뿔이 돋자
내 머리에서도 향기로운 뿔이 자랐다
황폐한 그녀의 가슴에서도 향기가 났다
내가 그녀를
한쪽 가슴이 있는 여자라 불렀을 때
섬은 외롭지 않고 바닷새도 날아와 알을 낳았다
봉우리에서 내려온 사슴은
찔레꽃 핀 언덕에 앉아 바다를 보며
명상하듯 새김질을 하였다
내 가슴 하나가
그녀의 가슴이 되어도 좋다고 생각하는 날
바다는 푸르고 수심은 깊었다

바닷가 절벽에서 바라본 것은 육지가 아니라
그녀의 가슴에 자라난 풀밭이었다
두 개의 뿔과 한 개의 가슴이 사는 섬을
나는 지도에 그려 넣었다

그 목탁 소리가 듣고 싶다

내소사 뜰에서
목탁 소리를 들으며 천년을 산 느티나무가
더 늙을 것이 없어 죽는 날
나는 목수가 되어
느티나무를 잘라 목탁을 만들고 싶다

속을 파내지 않아도 두드리지 않아도
천 개의 귀로 천 년 동안 살아서
목탁은 저절로 소리를 낼 것이다

절에서 죽기로 작정한 노스님의 목탁 소리는
도솔천까지 가지만

서툰 목수가 만든 목탁은
우리 집 문턱까지 소리를 보낼 것이다

돌

제 몸 깎으며
하늘벽을 오르는 별은
지금도 반짝이지만

제 몸 다 지니고
사다리를 타고 오르는 별은
떨어져 돌이 되었다

나는 세상을 걸으며
강변에 왜 그렇게 돌이 많은지
다시 알았다

바람은 안다

노란 은행잎이
옥탑방 앞에 쌓이는 걸 보니
시집올 때 금반지 하나 못 얻어 낀
가난한 신부가 그곳에 살 것 같다
평생 금반지 한 번 못 낀
늙은 할머니가 살 것 같다
깊어가는 가을
그것이 가여운 바람은
금조각 같은 은행잎을
옥탑방 앞에 쌓아놓는다

허구렁

시멘트 포장도로에
뚜벅 뚜벅 뚜벅
인간의 오기가 굳어있다
그 곁에 개 발자국도 남아있다

그게 공룡의 발자국이라면 얼마나 좋을까

손톱만 한 매미가 그걸 보고 죽어라 운다

물들기

아래로 흐르는 물의 도를 배워
단풍은 높은 곳에서 낮은 곳으로 물들어 온다

윗물이 맑아야 아랫물이 맑다는 속담을 알아
봉우리 단풍이 고와야 산아래 단풍도 곱다

단풍을 보며
나는 어디서부터 물들어 왔는가를 생각한다

썩는다는 것

배추가 썩어 농민들이 한숨 쉴 때
도심에서는 정치가 썩었다고
썩은 정치가가 시위하러 광장으로 간다

광장이 보이는 교회당에서는
밀알이 썩어야 싹이 난다고 강단을 친다

나는 썩지 못한 몸뚱이를 지고
밀밭이 보이는 언덕을 오른다

배추흰나비

배추는 초록 애벌레를 제 새끼로 알아
속잎만 먹여 키웠다

흰나비가 되어 짝을 찾아 하늘로 날아갈 때도
제 새끼인 줄 알아 행복했다

골다공 숭숭 뚫린 몸을 끌어안고
배추는 오늘도 흰나비를 기다린다

그리운 이

가을 하늘에 걸려있는 홍시

액자에 넣어서 줄까
접시에 담아서 줄까

생각하다

가을이 가 버렸다

토란土卵

흙이 알을 낳았다

저 알을 낳으려고
떨어지는 이슬을 잎에 모아
둥근 눈물을 만들었다

뿌리는 눈물을 내려받아
눈에 넣어도 아프지 않는
알토란을 만들었다

봄날에 그린 그림 1
– 4·27 판문점남북정상회담을 보고

파란 페인트가 칠해진 판문점 도보다리를 걸어
문재인 김정은 두 정상은 마주앉았다
세상 눈과 귀가 판문점으로 달려왔어도
무성필름처럼 대화는 들리지 않았다
하얀 봄꽃이 두 사람을 보고 있다
단둘의 만남, 일대일의 만남
독대라 하였던가, 통역관이 없다
두 정상은 이 땅에서 태어난
우리 아이들이 쓰던 말로 이야기를 하고 있다
소리는 들리지 않았다. 밀담이다
두 정상이 건넨 말들은 무엇일까
들리지 않아서 비밀스럽고, 비밀스러워
더 큰 의미로 전달되는 저 내용은 무엇일까
세상이 다 드러나는 대낮에 기자들을 불러놓고
카메라로 찍히지 않는 둘만의 소리로
어떻게 하면 알 것도 같은
알아도 형상화하기 어려운 비밀을 만들고 있다

건곤일척의 담론이 아니라도 촌부의 이야기라도 좋다
도보다리에서 두 정상의 만남은
구어체로 풀어내기 힘든 정치적 상징이다
드라마에서 연출할 수 없는 역사 한 장을
두 주연은 서슴없이 찍어내고 있다
북쪽의 찬바람이 가슴을 뻥 뚫고 내려오듯
남쪽 더운 바람이 DMZ를 지나 치닫듯
정치적 상징은 크고 위대하다
열강 틈에서 작고 초라했던 두 동강난 한반도가
광개토대왕 때처럼 크다
남루를 걸치고 살았던 동포의 자존심이
동해의 등뼈처럼 싱싱하다
들리지 않는 소리가 판문점을 지배한 사십 분
그 시간은 가장 찬란한 빛과 가장 질긴 그늘을
날금과 씨금으로 해서 짜낸 비단이다
정전협정 이후 육십여 년의 길고도 먼 여정을
사십 분이라는 시간으로 짜낸 피륙이다
우리 후손들이 누리고 갈 광음이다

소리가 있다
두 정상의 무성필름 속에서 소리가 있다
낮말을 새가 듣고 밤말은 쥐가 듣는다 했던가
꽃그림자 속에서 풀숲에서 나무 위에서
배경음악처럼 새소리가 들린다
공개된 비밀장소의 밀담을 새들은 알고 있었을까
모른 체했을까, 새소리는 들리는데
목소리가 들리지 않는 것도 역사의 아이러니다
조류학자는 열세 종류의 새소리가 들렸다 한다
꿩, 박새, 청딱다구리, 직박구리, 산솔새……
새들에게는 휴전선이 없으니 남과 북이 없다
어디 남한의 새가 있고 북한의 새가 있으랴
그들의 하늘은 자유의 하늘이고 평화의 하늘이다
새들은 DMZ에서 새끼를 키우며 남북을 오간다
새들뿐이랴, 풀꽃들도 풀씨를 날려 남북을 오간다
그 하늘은 미국이나 중국의 하늘이 아니라
우리의 하늘이다
우리의 소원은 통일이라는 목쉰 소리가

백두와 한라를 넘나들었다
조류학자가 굳이 새소리를 찾아낸 것은
통일의 비원이 서린 우리의 마음을 알아서일까
보물상자 같기도 하고 판도라상자 같기도 한
밀담의 내용들이 열리기 전에 봄날은 갔다
하늘에는 알 수 없는 비구름 있고 볕이 있어
언제 천둥 번개가 치고 해가 들지 모르지만
마침내 경천동지할 대타협은 이루어지리라
통일은 봄볕처럼 오리라
일장춘몽이라는 말이, 남가일몽이라는 말이
봄날에 그리는 그림 속에는 없다
우리가 지금 그리는 산하에도 없다
봄날의 그림은 DMZ에 자빠져있다가
기어이 우리 곁으로 오고 있다

제3부
・・・

상고대 곁을 지나며

상고대 곁을 지나며

   내 머리 꼭대기에 상고대가 피었다

백두산 천지봉에도 지리산 천왕봉에도 덕유산 향적봉에도 없는
   꽃 중에서 가장 순한 은발의 꽃
   차갑게 훤히 살아서 겨울을 나고 있다

   나는 지금
   가장 조심스럽게 겸손하게 상고대 곁을 지나고 있다

접어 넣기

물위에 떨어진 단풍은
저보다 더 고운 그림자를 끌고 흐르다
여울을 만나면 놓아버린다

사랑은
저보다 더 큰 그림자를 끌어안고 살다가
제 몸이 낡으면 안으로 접어 넣는다

메주꽃

윗목에 놓여
아버지 목침처럼
침묵하더니
가슴에 틈내고 순한 꽃을 피웠다

저게 아버지꽃

목침을 베고
졸음에 겨운 봄날
아버지의 꽃이
짜디짠 간장꽃으로 피었다

아름다운 각인

아버지의 지게발목에는 황토물이 들어
밭이든 집이든 따라다녔다

도랑이 파인 아버지의 발바닥에도 황토물이 들어
돌아가실 때까지 따라다녔다

황토밭 무덤으로 가실 때
황토밭도 따라갔다

하늘못 찻집

슬픔을 보이지 않으려고
사람들은 가슴에다 못을 파서
하늘에다 얹어놓았지만

그 여인은
하늘에 있는 못을 가져다
덕진연못에 찻집을 차렸다

덕진연못의 연꽃은
모두
찻잔에서 뿌리를 내리고 핀다

하늘 허물기

시를 찾아가던 소년이
하늘 뒤에 시가 있다는 것을 알고

죽어라하고 하늘을 허물다가
늙어버렸다

시 하나 찾지 못하고
늙어버린 소년은
지금도 하늘을 허물고 있다

절대 고독

쌍봉낙타의 두 봉우리는
한 번도 말을 건네 본 적이 없다

앞 봉우리는 귀만 쳐다보고
뒤 봉우리는 꼬리만 쳐다보며
모래언덕을 넘을 뿐

추운 밤에도 둘은 떨어져 잤다

낙타가 죽을 때에도
사랑한다는 말 한마디 못해 보고
서로 떨어져 죽었다

고비사막 지평선에는 지금도 가물가물
쌍봉낙타 두 봉우리가 떠간다

설

어버이 살아계시듯
고향 문을 들어선다

어버이 살아계시듯
제사상 차려놓고 술 따르고 절하고
고향 문을 나선다

어버이 살아계시듯
자식 보이지 않을 때까지
동구 밖에 서 계신다

겨울산

시침질 끝낸
능선과 능선이 마주보는 화해의 산

맨몸으로
처음 눈발자국을 낸 순수의 산

부러진 설해목이
상처 아물기를 기다리는 치유의 산

화선지 안으로 스민
여백만 있고 나는 없는 문인화의 산

겨울산에 간다

아름다운 편견

내가 태어나지도 살지도 않은 곳인데
이곳을 지날 때면
사람도 나무도 낯설지 않아
왜일까 생각하니
이곳은 내가 초등학교 다닐 때
담임선생님이 사셨던 마을이다
모두 가셨지만
바람도 인자하고
나무도 고요하게 반긴다
나는 전화 한 통화도 없이
사철 피어있는
꽃 한 송이 만나고 간다

시인의 노래
– 이목윤 시인의 영전에

우수의 밤에 눈이 내렸다
산에 들에 눈이 덮여 은빛 천지가 되었다
대동강 물이 풀린다는데
겨울의 마지막 눈은 순수의 절정을 이루었다
포근하고 너그럽게 누워있는 눈
눈 내린 땅은 하늘로 이어지고
더 높은 곳으로 눈길은 오르고 있었다

우수의 아침 시인이 죽었다는 문자가 떴다
시인을 데려가려고 한밤중 눈은 저리 내렸는가
해 한 번 반짝 뜨면 스러질 운명의 것
부르던 노래를 한꺼번에 거두어 시인은 갔다
삶의 끄트머리에서 문득 절정에 이른 듯
시 한 짐 짊어지고 차디찬 무지개의 절벽에서
시인은 뛰어내렸다

우수의 비 내리면 놀랍도록 눈은 녹아

진달래 뿌리 속으로 스며들 것이다
시인이 방황하던 노래
아무도 모르는 골짜기에서 꽃들은 기다릴 것이다
우수의 눈 내리고
소양천 아지랑이 더불어 시인은 갔다
삶의 마지막 눈
순수의 침묵은 가고 봄이 올 것이다

풍남문

   비사벌초사에서 풍남문 하늘을 보고 시를 쓰시는 석
정 시인이여
   당신은 새벽마다 풍남문 용마루 넘어오는 종소리 듣고
   어느 절 종소리인지 그 절 주지보다 더 잘 압니다
   데에~엥… 끝날 듯 끝나지 않은 여음을 따라가면
   당신의 시에서는 남고사도 나오고 북고사도 나오고
   풍남문 추녀 이끼 낀 견훤성 이야기도 잠 못 자고 갑니다

   풍남문 저잣거리에서 풀떼기죽으로 하루를 때우고
   미투리 삼아 식솔 먹여 살리는 장사꾼이여
   당신은 전봉준 상투 틀고 감발하고 얼음 밟고 다녀도
   경복궁 품계석 벼슬아치보다 마음이 가벼워
   풍남문 파루 타고 사해를 훨훨 날아
   초록바위 집집마다 민초의 이야기를 심어놓습니다

풍남문 수막새를 올리는 기와장이여
그대는 구만리장공을 날아가는 붕새보다 눈이 밝아
집도 우물도 사람도 파묻어버린 파소산 아래
천하공물 외치던 정여립 마을을 바라보며
피 묻은 이야기 조각들을 수막새 위로 끌어올려
영문 모르고 죽어간 반역향의 하늘에다 뿌려놓습니다

가람 선생님이시여, 가난한 제자들 주머니 생각하여
풍남문거리 짚방석 깔고 앉아 사발술 마시며
술동이 이고 오는 아줌씨 적삼 아래 처진 젖가슴 보고
"담배씨만큼만 보고 가소, 많이 보면 병납니더"
그 노래는 어디 가지 못하고 풍남문 큰 대문 위에서
지금도 난초같이 뿌리내리고 삽니다

개화

화장장 뜨락에서
한 꽃은 지고 한 꽃은 피고 있다

한 삶의 육신이 바람보다 가볍게
하얀 분말이 되어 나오는 시간

배가 불룩한 젊은 여인이
검은 상복을 입었어도
터져 나오는 꽃봉오리처럼 예쁘다

사람들은 잠깐 침묵하고
꽃들은 다시 피기 시작한다

어떤 꽃은 지고 어떤 꽃은 피고 있다
낙화 곁에는 늘 개화가 있다

제4부
• • •

초록 지문을 빚는 여자

초록 지문을 빚는 여자

고구마순 두 단을 사다 놓고
껍질을 벗기는 아내의 손가락에
초록이 들었다

오늘 저녁상에 나오는 고구마순 나물에는
아내의 손끝에서 떨어진
초록 물감도 가끔 묻어 나오고
초록 지문도 찍혀 나올 것이다

내 삶도 아내의 삶도 조금씩 닳아져
봉숭화물 지듯 희미해지면
그때는 초록도 물들지 않는다는 것을 안다

초록 지문을 빚어내는 아내의 손가락은
고구마넝쿨 산맥을 넘는다
거기에 닳고 닳은 지문도 따라간다

싹이야 날 리 없겠지만

지독하게 추웠던 작년 겨울
나와 살았던 목련 두 그루가 얼어 죽었다

오래도록 글을 썼던 문우 두 분이
천상병 시인이 아름답다고 하는 하늘나라로 갔다

우수가 지나고 언 땅에 비가 내린다
고향 뜰에도 문우의 글마당에도 내린다

싹이야 날 리 없겠지만
얼어죽은 나무를 봄비 맞으라고
그대로 내 뜰에 두고 온다

문우야 글 쓸 일 없어 편하겠지만
봄비 오는 날
그의 글이 나왔는가 새로 온 책을 뒤적인다

나잇값

단풍은
내 가까운 곳부터 물드는 것이 아니라
하늘 가까운 곳부터 물든다
이슬비무늬 여우비무늬 꽃비무늬
가끔가끔 빗방울 모아 나이를 만든다
다른 산이 가로막아도
산 뒤의 산에서 단풍이 물드는 것을 안다
산도깨비가 보일 나이가 되면
산들이 옮겨 다니는 소리를 듣는다
산짐승들이 산도깨비 보고 놀라지 않듯
제 몸속에 산도깨비처럼 살아온
나이를 보고 놀라지 않는다
산꼭대기에 불씨 같은 단풍이 들어야
내 몸도 불씨 따라 불산이 된다

곶감

처음은 산골마을 너와집이었을 것이다
감나무가 옷을 벗기 시작하면
할머니는 감을 깎아 주렁주렁 매달았다
깎여나가는 껍질이 살아왔던 길이라는 것을
할머니는 알고 있었다
그것을 이제 다 가지고 갈 필요는 없다
바람 불고 햇볕 드는 곳에 초분 지어
몸 하나 뉘어놓으면 그만이었다
너와집이 보이는 산언덕에서
황혼이 내릴 때면 뼈는 붉어지고
서리는 초분을 바래고 있었다
둥지 찾는 새가 살 한 점 떼어간들 어떠리
산벌레들이 초분 아래 집을 지으면 어떠리
곶감을 만드는 일이
제 몸 말리는 일인 줄 알아
할머니 몸에서도 분가루가 나오고 있었다
뼛가루 같은 분가루를 보며 할머니는
너와집에서 다시 태어나고 있었다

무궁화꽃길 훤해라

누가 이 땅에 무궁화꽃길 내었는가
어떤 꽃은 무명실로 어떤 꽃은 비단실로
한 땀 한 땀 들길 산길 수놓았는가

가슴에 길 내고 사는 일이 어찌 쉬우랴
여름에서 가을까지 목숨 걸고 피어나는 꽃
바람 맞서 살았던 꽃 어찌 힘들지 않았으랴

꽃길 찾는 사람들아
벚꽃길, 장미꽃길 가는 사람들아

그대 가는 길이 그 위대한 길일지라도
무궁화꽃 핏줄을 타고 우리 몸에 살아갈지니
작은 풀꽃들도 눈 맞추며 함께 따라갈지니

저녁 해 지면 아침에 다시 피는 꽃
쑥구덩이 가시덤불에서도 뿌리 뻗고 살아가는 꽃

서두르지 않고 내 어머니 가슴이듯
우리 심장에서 다시 피어나는 꽃
어느 누구 무궁화꽃길 이리 끌었는가

실핏줄 타고 백두로 한라로 뻗는 무궁화꽃길
그 길이 구부러진 산길 들길에 있었나니

무궁화꽃 백릿길 밝아라
무궁화꽃길 훤해라

억새와 으악새

억새가 잎날을 세우고 바람과 맞서 살아갈 때
아버지는 아~아 으악새 슬피 우니 가을인가요
노래 부르지 않았다
억새가 꽃대를 세우고 햇살로 살아갈 때
아버지의 팔뚝은 잡초밭을 무질러 갔다
억새꽃 피는 가을이 저물어
풀빛 속으로 시든 햇살이 스며들 무렵
나는 노을 속에서 들려오는 노래를 들었다
아~아 으악새 슬피 우니 가을인가요
가을 밖에 아버지가 있었다
마른 잎을 부비며 퍼석한 몸으로 서있는 아버지
아버지는 억새가 아니라 으악새였다
으악새가 슬피 울 때마다
향기 없는 꽃은 하늘로 날아가고 있었다
아버지의 머리는 희게 빛난다

한계령

산골마을 초등학교 운동장을 보며
한계령을 올라갔을 때
나무들은 어린잎을 피워내고 있었지

군에 간 아들 면회 갔다 오며 올라갔더니
아들 군복 같은 젊은 녹음이 우거져

정년을 하고 동해를 돌면서 올라갔더니
내 나이만큼 단풍 물들어 있었지

그 겨울 내 머리보다 더 흰 상고대
거친 숨 쉬는 나를 껴안았지

설악의 곰들은 꿈쩍히지 않고
내가 부른 노래를 잊고 동면을 하고 있었지

농주

이게 어찌 술이당가
우리한테는 밥이지이
초승달만 한 논배미를 매고 나면
아버지는 어머니가 내온 농주를 한숨에 들이켜고
입술 묻은 사발을 옆에 앉은 농부에게 건넨다
이게 우리 힘줄이여
이거 없으면 농사 못 짓지이
북장단처럼 받아치는 말을 따라
나락 냄새 나는 사발이 두어 순배 돌고 나니
들녘의 해는 염소 꼬리만큼 남고
논두렁은 하늘 끝에 걸리어 달랑거린다
농주는 벼포기 풀을 무질러가는 팔뚝이었고
바람을 거슬러가는 뚝심이었다
농주 사발에 흥건히 취해
무릎장단을 치던 아버지 곁에서
나는 서럽지 않은 농군의 자식이 된다
죽창 메고 동학군 따라 들길을 달리던
부끄럽지 않은 할아버지의 손자가 된다

농주가 그리운 날 고향 친구를 불러내어
내 입술 남아있는 술잔 건네며
〈농부가〉를 부를거나
의로운 기운 펄펄 날리며
내 노래를 부를거나
아버지가 지금도 기다리시는 논두렁에서

삶의 제목

난꽃이 시들어 말라가면
새로 피는 꽃들의 예쁨을 가릴까 봐
일부러 잘라냈는데
그게 얼마나 부질없는 일이었는가를
나는 늦게 알았다
꽃이 지고 꽃대가 말라갈 때
거기에도 시든 향기가 있다는 것을
내 눈은 알지 못했다
사랑한다는 말을
지금 해도 늦지 않은 것은
꼬장꼬장 말라가는 꽃대에
아직 그리운 옛날이
묻어있기 때문이다

우포늪, 겨울로 가는

우포늪에서 창문을 내고 살았던 물풀들은
가쁜 숨을 거두고 겨울로 가고 있다
넓은 창에서 꽃을 피우던 가시연꽃도
빛을 지우고 뿌리를 떠나고 있다
설레고 수선스럽던 이야기들은 말라버려
화석으로 태어나기 위하여 처음으로 가고 있다
내 죽어 돌이 되었을 때
화석에 찍힌 내 발톱에서 가시연꽃 돋아나고
보랏빛 꽃심에서 내 심장이 살아난다
굳어버린 바위틈을 빠져나온 영혼 하나가
지금 우포늪으로 걸어오고 있다
자기가 억만년 전 살았던 가시연꽃인 줄 모르고
내 손을 잡는다. 따습다
우포늪에서는 겨울로 가는 모든 것들이
더운 심장을 갖고 처음처럼 태어나고 있다

초미세먼지

인간을 지배하던 거대 공룡이 지구에서 멸종되자
오만해진 인간과 대적하기 위해
조물주는 초미세공룡을 만들었다

1m의 백만분의 일 길이와
1g의 백만분의 일 무게로 무장한 초미세공룡은
신출귀몰하는 재주로 혈관을 타고 다니며
가장 뾰족한 금속성을 깔아놓고 가장 독한 연기를
피워놓고

가장 포악한 자객과 가장 요망한 술사들을 거느리고
조금 조심스럽게 조금 의뭉스럽게
인간의 숨구멍을 틀어먹고 허파를 갉아먹는다
가장 느린 포복으로 가장 낮은 은폐로
잔인하게 엉큼하게 서서히 목을 조여온다
가장 은밀하게 가장 조밀하게 회색 그물을 쳐놓고
조급하지 않게 포악하지 않게 인간사냥을 한다
부러지지 않는 창과 뚫리지 않는 방패로

가장 황폐한 모랫벌과 가장 더러운 늪지대를 지배한다

내 몸은 이미 살인공룡의 혓바닥에 오염되었다
내 눈은 벌써 살인금속에 시력을 잃었다
나는 커튼을 내리고 스스로 지하로 숨어든다
나는 어두운 밀실에 나를 가두고 자물쇠를 채운다

살인에 길들여진 초미세살인공룡은
초강수 과학문명에 길들여진 오만한 인간을 벌하려고
자승자박의 동아줄을 허공에 매달아놓고 먹잇감을 기다리고 있다

빛과 그림자

미당시문학관 옥상에 올라 주위를 둘러보니
미당 생가와
미당 묘와
미당의 외할아버지가 살았던 집터가
손짓하면 달려올 만한 곳에 놓여있다

소쩍새가 우는 소요산과
소요산 넘어가는 질마재가 그림처럼 다가온다

태어남과 죽음이
시와 삶이
고향 마을의 손바닥 안에 옹기종기 모여서
설화를 만들어내고 있다

내가 서있는 발아래 전시실에는
미당 생애의 빛이었던 〈국화 옆에서〉와
그림자였던 친일시가 액자에 담겨
낮과 밤을 같이 보내고 있다

그분은 가고 없는데 그림자는 짙어져
빛을 덮고 있다

아픔 같은 것이
한숨 같은 것이 질마재 넘어가는 구름처럼
다시 오지 않으면 좋으련만

겨울을 이겨낸 마늘밭은 왜 저리 독하게 푸른가
동백숲에서 동박새가 새끼를 데리고
동박새 말을 가르치고 있다

파김치

어느 삶이 지쳐 쓰러졌을 때
숨죽어 올라온 파김치를 생각한다
소금에 절이고 맵게 버무려져
시금시금 맛이 우러날 때까지
파김치는 얼마나 자기를 죽여야 했던가
파가 파김치가 되어야
삶은 다시 이어진다는 것을 알았을 때
저문 들길의 꽃들도 아름다웠다
꽃핀 파김치는 맛이 없다
꼿꼿하게 버티고 사는 것보다
힘을 빼야 세상은 그를 껴안는다
꽃피기 전 층계를 내려와
신국물을 우려내야 인생도 맛이 난다
팍팍한 가슴을 가진 사람에게
파김치 한 가닥을 얹어주는 일은
느리게 동행하는 길을 가르쳐 주는 것이다
노을 같은 파김치 한 보시기 앞에서
나는 보리밥 한 그릇이 된다

치매

담쟁이덩굴 하나가 공중에 매달려 춤을 춘다
벽을 기어오르던 손톱은 뭉그러져
다시 벽을 움켜잡을 수 없다
함께 오르던 덩굴손이 붙들려 해도
허공에 흔들려 곁으로 갈 수 없다

어머니가 징검다리에서 길을 잃었다
징검돌이 모두 떠밀려가
어디서 누구를 만나고 왔는지 알 수 없다
들리는 건 발밑의 아득한 물소리뿐
강보에 싸인 어린아이처럼 울고 있다

옷깃이 바람에 불려가도
강언덕 풀꽃들이 건너오라고 손짓해도
바람길을 가고 있다
살아온 날들이 하얗게 떠내려간 강가에서
치마끈 풀어진 줄 모르고 춤을 추고 있다

제5부
・・・

몽골반점을 찾아서

몽골반점을 찾아서

내 몸에 몽골반점이 있다는 이유만으로
사람도 짐승도 바람도 낯설지 않았다
일곱 시간을 달려 왔어도
몸 하나 감출 곳을 허락하지 않는 고비사막
나는 원의 한가운데에서
말라버린 소똥과 돌멩이들과 지평선을 구르고 있었다
모래 언덕 넘으면 낙타가 살고 또 넘으면 염소가 살고
넘으면 넘으면
타다 지친 태양이 그만 오라고 붉은 장벽을 친 노을
그 아래 몽골반점처럼 찍혀있는 게르
거울에도 보이지 않고 만져도 잡히지 않는 몽골반점이
어미 찾는 송아지와 살고 있었다
돌멩이에서 풀싹이 나야 새끼를 낳고
풀싹을 먹어야 몽골반점은 자라 어미가 되었다
지평선 마루에 떠있는 바다를 신기루라 우겨도
끝나야 할 곳에서 끝나지 않은 낙타의 걸음
가면 멀어지고 오면 따라오는 신기루

낙타의 눈썹은 바다를 먹은 눈물로 젖어있었다
어느 때 바닷속 바위산이었을 너덜겅을 달리며
내 몽골반점은 아프다
덜컹거리는 차 속에서 몽골반점은 점점 부어올라
내 몸속에서 나를 보고 있었다

고비사막, 죽음을 생각하기 좋은 땅

고비사막 엉킹 히뜨 모랫길을 달리면
죽음이 보인다
어미소 한 마리가 풀밭에 쓰러져
하늘을 보고 버둥거리며 마지막 숨을 거두고 있다
소 무리들은 풀을 뜯으며 멀리 가고 있다
누구도 그 주검을 간섭하지 않는다
고비사막 유목민들은 그런 소를 거두어들이지 않는다
죽어가는 소를 그냥 죽게 내버려둔다
그 땅에서 죽어 까마귀가 파먹고
태양이 새김질하고 바람이 실어가고
어쩌다 내리는 비가 뼈를 씻어 백골만 남아
그 백골로 고비사막에 누워 흙이 되고 풀이 되어
염소 수염 자라게 하고 망아지 발굽 자라게 하는
주검을 말하지 않는 땅
모래땅 고비사막에서 행복한 주검을 보았다
도살장에서 쇠매 맞고 죽지 않고
푸줏간에서 살점 뚝뚝 잘려 팔려나가지 않고

제 땅에서 낳아 거기서 죽어 흙으로 돌아가는
가장 순수한 원시의 주검
바람에 날려갈세라 바짝 엎드린 허연 뼈를 밟으며
고비사막 짐승들은 지금도 풀을 뜯는다
달리는 원의 중심에서
죽음을 생각하는 내 영혼은 외롭다

고비사막에 내리는 비

하늘이 깨어져야 비가 내린다
천둥과 벼락이 먹구름을 가르고 해를 박살내야
그때서야 하늘은 금간 틈으로 눈물을 보여준다

뼈를 불사르고 살갗을 박제하는 고통을 견뎌야
자갈땅 풀포기를 찾아 헤매는 짐승들에게
사막의 신은 빗물을 내려준다

그때서야 뜨거운 모래바람은 잠들고 돌들은 깨어난다
수만 층 돌산을 건너서 기도의 문은 느닷없이 열린다

보아라, 놀랍도록 고요하게 살아나는 사막의 흙냄새
숨어있던 것들이 은밀하게 혀를 내밀고 핥아주는 소리
칸의 화살같이 왔노라고 쇠뿔 돋는 소리처럼 왔노라고
소나기를 맞으며 고비사막은 엎드려 흐느낀다

은혜는 소등에 빗물을 몰고 오고

낙타는 소등에 흐르는 빗물을 먹고
염소는 낙타의 발바닥 아래에 돋아난 풀을 뜯는다

시인이 몽골에 오면 신들린 무당이 된다
두런두런 시를 외우다 실성거리기도 하고 그러다 엎드려
비내려 주옵소서 비내려 주옵소서
고비사막에 와서 내가 처음 시인이라는 것을 알았다

고비사막에 뜨는 별

고비사막 게르 앞에 자리를 깔고 누워 별을 보면
별들도 방황하다 찾아온 늙은 소년을 본다

주먹만 한 별들이 끔벅끔벅 물을 먹다가
내 머리로 떨어질 것 같아 돌아누우면
그곳은 동쪽, 별 하나가 빗금을 긋는다

거기 어머니가 사는 나라
마당에서 본 동방의 별들이 알타이산맥을 찾아와
고비사막 하늘에서 새끼를 기르다가
다시 어머니의 땅으로 가고 있다

꿀꺽꿀꺽 물 먹는 세숫대야만 한 별로 살면서
염소별자리 낙타별자리 암소별자리를 만들어

염소의 눈에 영롱한 무지개로 떠서
낙타의 눈에 슬픈 신기루로 떠서

암소의 눈에 견우의 눈물로 떠서

검은 휘장을 두르고 난 뒤 하늘이 열리는 고비사막
이방인이 아닌 나를 본다

수박만 한 별들이 글썽글썽 빛을 내는 게르 앞에 누워
우리 집 외양간 소보다
모래땅에서 별자리를 보며 잠을 자는 암소를 걱정한다

이쪽 돌산에서 새끼를 부르면 저쪽 언덕에서 밝아오는
짐승들의 울음소리가 온통 새벽으로 대답하는
어머니의 별들이 동아줄을 타고 내려올 때까지
늙은 소년은 누워 별을 본다

연암, 그대는 고비사막에서
어떤 울음을 울까

　하룻밤에 아홉 번 강을 건너고
　마음의 눈으로 물을 보고, 그 귀로 물소리를 들었으면 족하지
　울고 싶다던 연암이여! 요동땅이 그리 넓어서
　그대의 울음은 이국땅의 부러움, 혹 가난한 조선의 연민
　고비사막에 갔더라면 그대의 울음은 황홀한 노을빛이었을까

　나는 고비사막을 지나며 아홉 날에 한 개의 강도 못 보고
　광막한 모래땅에서, 뜨거운 해와 날카로운 모래바람을 맞으며
　나도 울고 싶다, 더 크게 울고 싶다
　막막한 모래땅, 가도가도 끝이 나오지 않는 고비사막
　비 오지 않는 메마른 땅에 주저앉아서
　강물 소리 듣고 싶어도 귀가 열리지 않는 땅

연암이여! 그대 눈물은 마음 그윽한 곳으로 흘러갔지만
북두칠성 물바가지에 나는 내 눈물 한 방울도 담지 못하고
그대 눈물은 다시 조선으로 흘러갔지만
내 눈물은 낙타의 눈물처럼 신기루 언덕에서 말라버렸다
내 눈으로 보고 내 귀로 듣는 것만이 진실이라는 것을
돌 틈에서 풀 찾아 헤매는 짐승들을 보고 **알았다**

사막의 신이 네 눈에 들어오는 모든 땅을 가져라 해도
해와 달과 별까지 다 가져라 해도
손사래 치며 고비사막을 떠나오고 싶다
눈썹에 눈물이 젖어있는 낙타 한 마리 끌고 와
요동땅에서 울고 싶다던 연암에게 고삐를 건네주고 싶다

겨울나비

달동네에 겨울나비가 날아왔다
인적 없는 고샅길 고양이 발자국을 따라
할머니의 연탄부엌 안으로 들어갔다

주전자는 차게 얼어붙고
가난한 윗목에는 할머니가 주워다 키운
겨울꽃이 시들고 있었다

겨울나비는 연탄지붕 위로 올라가
시든 꽃의 신음소리를 듣고 있었다

다음날 아침 신문에
달동네 독거노인 한 분이 겨울꽃이 되어
하늘로 올라갔다는 기사가 실렸다

아무도 슬퍼하지 않았다
고드름이 된 겨울나비만 연탄굴뚝에 매달려
눈물 흘리고 있다

미역귀

문득 바닷소리가 그리운 날
미역은 자기에게 귀가 있다는 것을 알았다

바다가 가까우면 더 다가오는 파도소리
바다가 멀면 더 깊어지는 숨비소리

꼬들꼬들 말라야
귓바퀴가 생겨 더 잘 들리는 미역귀
귀로 생각하고 귀로 말하는 미역귀

앞으로 수그러지게 말리면 말 잘 듣고
뒤로 자빠지게 말리면 지독하게 말 안 듣는
어린아이 귀, 소문만 무성한 귀

나도 바닷가 모래밭에서 귀를 말린다
먼 바다로 간
어린 날 소년의 안부가 궁금해서 귀를 말린다

쑥고개

쑥이 많아 쑥고개라 불렀다
쑥 캐러 가는 새벽은 배고파도
쑥 생각에 어질병 나지 않았다
빈 쑥자루 이고 가는 길
보릿잎 여직 푸르러
보리타작은 얼마나 멀었던지
웬 놈의 쑥국새는 저리 목쉬게 울었쌓던지
오르막 십 리 내리막 십 리
배부른 쑥자루 이고 오는 길 배고파
쑥덤불 너머로 노을이 허기졌다
쑥으로 나물밥하고
쑥으로 나물죽 끓이고
약이 된다 하고 쓴 트림 나올 때까지
쑥으로 연명하다 봄날이 가는 날
할머니는 돌아가셨다
금구에서 전주로 들어오는 길
쑥고개가 있는 길

오르명 내리명 나는 그 길을 가고 있다
보릿고개 몰라도
그 고개에 지금도 쑥국새가 산다
내 아들이 쑥고개를 모르듯
쑥고개에 보릿고개가 있는 줄 모르고
쑥국새는 그냥 운다

동진강

성내거나 소용돌이쳐 본 적 없는 강
하늘을 이고 벼농사를 짓던 농부들처럼
자지러들지 않고 넘치지 않고
순종하며 흐르다가 해 지면 서해에 이르는 강
벼포기 아래로 길을 내다가
어깨 쑤시는 농부와 마주치면
품으로 흘러들어 응석부리는 강
가뭄이 들면 자라 새끼 몇 마리 몰고
농부의 마당으로 들어서는 강
고부 배들평야 곳간을 다 채워도
번쩍거리거나 거들먹거리지 않고
하늘이 노하면 썩은 나무들 다 쓸어
먼 바다에 버리는 강
갈 길 아닌 곳으로 물길 바꾸어놓으면
사람이 되어 일어서는 강
누가 우리 할아버지와 아버지를
동진강 물길로 달려와

동학군 깃발로 모이게 했는가
동진강 물을 몰아 북으로 가게 했는가
강물에 흙 묻은 발 씻을 겨를도 없이
쇠스랑 메고 죽창 들고
억새길 엉겅퀴길 맨발로 달려온 사람들아
백산산성 죽산산성 함성을 모은 사람들아
이들이 누구던가
동진강 물로 벼농사를 지으며
꽹과리 징치며 풍년가 부르던 농부들이 아니던가
황톳물로 흐르다가 진흙물로 흐르다가
사랑받는 강의 노래도 되지 못하고
끝내 들녘 물꼬 아래로만 흐르던 강
전봉준의 마을을 지나
동학군들이 밟아보지 못한 땅
영문 모르고 새만금으로 들어가는 동진강아
썩지 말고 기름진 젖줄이 되어
벼포기 같은 푸른 깃발 펄펄 날리게 하라
다시 동학의 깃발로 일어서는 동진강아

의병의 곁에 눕다
– 의병장 박도경을 숭모함

누가 민초의 가슴에 들불을 점화했는가
을사늑약의 참혹함이
강산의 초록을 병들게 하고 물빛을 앗아갔을 때
고창 모양성에서 분연히 일어선 박도경 의병장이여

"장부로 태어났다가 방안에서 죽는다면 어찌 그 위인을 말하랴,
 이제는 내가 죽을 자리를 얻었도다"
 목숨을 조국에 맡긴 엄숙한 함성이 의로운 들불로 치솟았다

 민초들은 들불을 따라 달리고 강물은 제 갈 길을 찾았다
 무장, 법성포, 장성, 영광, 광주, 담양, 순창……
 천자포를 등에 지고 의병을 지휘하던 포사대장이여

 등뼈는 쑤시는 아픔보다 왜적을 겨눈 당당한 포구

가 있어
　당신의 몸은 벌건 무쇠를 담금질하는 대장장이였으리
　선봉장 이도운, 중군장 손도연, 도십장 구연역, 포장 김일문
　그들이 누구던가, 들불을 몰고 찾아온 민초들이 아닌가

　늙은 부모 모시고 가솔을 거느린 농사꾼이여
　풍전등화의 국운을 어찌 사대부들에게만 맡긴단 말인가
　죽음을 눈빛으로 마주친 사립들이여

　정의를 향해 달려온 들불이 하늘에 닿기 전에 운명이 다했는가
　남포, 부안 상서에서 왜적 기병대 말발굽에 사정없이 짓밟히고
　낭떠러지 포위망에 갇혀 가시덤불 죽음의 계곡을 헤맬 때

"내가 여기 있으니 마음대로 잡아가라"

박도경 의병장의 목소리가 개암사 울금바위를 쩌렁쩌렁 울리고
동진강 물소리를 뒤집어 놓으니 왜적은 숨을 죽였다

광주교도소 전주지부에서 교수형을 선고 받고
옥중에서 차디찬 칼날로 살을 에이는 고초를 겪으면서도
왜적을 꾸짖는 의연함이 도도한 물길 같았으니
당신은 결기 있는 죽음을 앞당겼도다

1910년 2월 8일
"내 어찌 왜놈의 손에 죽으랴" 스스로 목숨을 끊어 순국하니
그의 의로운 죽음은 우리 산야에 들꽃으로 피었다

박도경 의병장이여, 우리에게 눈빛을 남긴 사람이여
　민초의 이름으로 태어나 거룩한 호명으로 당신은 누웠다
　구중궁궐 권세보다 명예보다 자랑스러운 들꽃의 화신이여

　나도 타다 만 들불 곁에 누워 당신이 남겨놓은 들꽃을 본다

봄날에 그린 그림 2

태안사 산문 밖 동리산 자락
주막집처럼 사람이 그리운 조태일문학관에서
15년 동안 관장을 하고 있는 겉늙은 사내는
처음 보는 나더러 태안사 주지스님 같다 한다
실없는 말에 문득 정이 실려 소주병 까놓고
한참 속잎 피어나는 굴참나무 듬성한 그늘에서
나는 그를 보고 그는 산을 보며 인연을 꿰맨다
소주에 밥 말아 먹었다는 거구장신 시인보다
군사독재시절 감옥을 제 집처럼 드나들었다는 시인보다
태안사 종무소에 근무하던 처녀와 연애하여 장가갔다는
늘그막 사내의 이야기에 산들이 좋아라 웃는다
문학관 자리가 열반한 스님들 다비하던 곳인데
조태일 시인 아버지도 태안사 스님이어서
여기서 다비했다는 말을 할 때는
태안사에서 내려오는 물도 멈칫 멈추어갔다
스님과 수녀와 무당이 있다는 가족사를 말하며
동리산 꼭대기를 바라보는 그의 눈은

.

접신하는 무당처럼 형형했지만 쓸쓸하였다
문학관이 쉬는 월요일만 빼고 삼백오십일을
그것도 혼자 이곳을 지킨다는 그는
관장이 아니라 다비터 영혼의 수문장이었다
그가 매급시 반들반들 손때가 묻은 지팡이를 만지며
'이건 도리깨 만드는 단단한 나무여'라고 말할 때
불현듯 하늘에 치솟는 도리깨가
그의 몸속에 불질러 놓은 콩밭을 내리치는 듯하였다
봄볕이 동리산 자락을 초록으로 범벅질하자
그도 나도 그림 속에서 일어섰다
따라놓은 소주잔이 그 자리에 놓여 있다
문학기행 버스창으로 늦봄이 스르르 비끼자
조태일문학관 도리깨가 손을 흔든다
빛바랜 헝겊 화폭의 인연 하나가
태안사 스님 다비터에서 또 하루를 뒹군다

정여립의 꽃

봄빛이여 봄빛이여
꽃 피지 못한 봄빛이여

끝끝내 바람을 거부하다
제 땅 위에 드러눕는 꽃

정여립의 꽃이여

제 살과 뼈를 세우고자
우리의 이마에서
무너져 내린 꽃

영문 모르고 죽어간 반역향의 하늘
끝나야 하리
오명의 역사는 버려야 하리

진안 죽도에는

지금도 붉은 꽃이 지고 있다

토하듯 절규하듯
처연한 몸짓으로 흩어지는
정여립의 꽃 정여립의 꽃
〈〈정여립의 꽃〉 노래 가사)

붉은머리오목눈이의 사랑

오월의 숲에 거룩한 일이 벌어지고 있다

뻐꾸기 새끼를 제 새끼로 알아
녹두꽃만 한 주둥이로 먹이를 물어다
호박꽃만 한 입에 넣어주고
붉은머리오목눈이는 숲을 날아간다

유전인자로 제 새끼를 확인하는 것은
인간이나 하는 일
품으로 부화한 뻐꾸기 새끼는
그냥 사랑의 자식일 뿐

뻐꾸기는 제 노래 불러 새끼를 데려가고
붉은머리오목눈이는 또 알을 낳는다

누구의 삶을 간섭받지 않는
오월의 숲에 나는 서 있다

제6부
· · ·

더디 오소서

더디 오소서

꽃이여, 한 사흘 더디 피소서

바람 부는 얼음강을 건너오셨다 해도
나는 설레는 마음으로 봄 밖을 나가
당신 맞이할 새 옷을 준비하지 못했습니다

임이여, 한 이레 더디 오소서

눈 쌓인 겨울산을 넘어서 오셨다 해도
나는 코로나 세상이 너무 무서워
당신 마중할 길목버선을 준비하지 못했습니다

꽃이여, 피려거든 오늘 피지 말고
우리 아이들 교문으로 들어서는 날 더디 피소서
웃음소리 눈부신 꽃밭에서 피소서

한 열흘 나중에 오시는 임이여

아직 덜 핀 꽃 눈 뜨는 계절에
지름길 말고
당신이 다니시던 길 더 멀리 돌아
서나서나 오소서

거리 두기

사람들이 코로나 자욱한 길을 가고 있다
나도 마스크를 쓰고 저만치서 따라가고 있다

여럿여럿 사람들이 관을 메고 가고 있다
꽃을 부르며
봄날 속으로 관이 관을 메고 가고 있다

길에서 죽은 꽃들이 낄낄거리고 있다
꽃들은 져서 무명의 돌맹이가 되었다

누구도 죽은 꽃을 탓하지 않는다
저만치서 죽은 꽃을 보고 눈물을 흘리지 않는다

대숲에는 임금님의 당나귀 귀가 살고 있다
수상한 소문은 바람을 타고 세상을 떠돈다
손 씻고 떠나는 바람이 나를 부른다

비상구 없는 탈출

꽃샘바람을 타고
비닐봉투 하나가 고층 아파트 지붕 위로 날아간다

비상의 자유가 무엇인지 알았다는 듯
가벼이 몸을 뒤집으며 도시의 하늘을 벗어난다

두부 한 모, 콩나물 천 원어치 싸주던 비닐봉투
가장 어두운 쓰레기통에 아무렇게나 처박혀 있다가
가장 높은 곳으로 날아간다

날개가 없는 너는 곧 추락하겠지만
땅바닥에 뒹굴지 말고 높은 나뭇가지에서 매달려
네 인생의 환희처럼 나부껴라

코로나 세상에 갇혀 날지 못하는 나는
비상구 없는 네 탈출이 부럽다

지금 밖은 목련이 눈부시다

마스크꽃

마스크를 사려고
마스크를 쓴 사람들이
마트 약국 우체국 앞에서 줄서 있다

마스크는 목숨의 꽃이다

봄이 왔건만
매화 산수유 꽃그늘에 사람이 없다

단 10분 안에 다 팔려나간다 해도
봄꽃 보러 가지 않고
나도 마스크꽃 속에 줄서 있다

봄꽃보다 더 아름다운 건 마스크꽃이다

지워진 마을

함박눈이 내리는 오후
눈 쌓인 모악산이 흰빛을 몰고 내려오자
산 아래 마을은 지워지고
짐승의 발자국도 지워지고

나는 초저녁 별들을 데리고
지워진 마을을 찾아가
깜박깜박 호롱불을 켜다가
모악산으로 돌려보낸다

나의 이야기가 함박눈에 묻혀
모두 흰빛이 되는 밤
나는 초롱한 호롱불을 켜들고
내 이름이 지워진 마을을 찾아 간다

지옥도 속에 내가 있다

장흥 보림사 명부전 지옥도 속에서
한 사내가 울고 있습니다

펄펄 끓는 기름가마솥에서 나오려 해도
수문장은 안으로 밀어 처넣습니다

가까이서 보니 나를 닮았습니다.
나는 그게 전생의 나라는 것을 알았습니다

나를 구하지 마세요
나만 내 손을 잡을 수 있습니다

나를 보려거든 지옥도 속으로 오세요

장흥 보림사 지옥도 속에는
기름가마솥에서 울고 있는 내가 있습니다

무논

논 위에 바다가 떠있다
아버지의 바다
밤이면 개구리가 뛰노는 운동장이지만
고래가 헤엄치는 바다보다 넓었다
구름이 날아가고 비행기가 떠가고
무논은 하늘보다 넓었다
아버지는 가슴에다 나락씨를 뿌렸다
물꼬를 타고 흐르는 물에서는
자식의 젖 먹는 소리가 들렸다
아버지의 바다는 자식의 바다가 되었다
뱃전에 뜬 보름달은 고래만큼 크시만
무논의 개구리보다 작았다
아버지가 자식의 그림자가 되었다
흙 묻은 발로 첨벙첨벙 무논을 건너던
가난한 집 놋숟가락 닮은 아버지의 종아리를
눈부시도록 푸른 오월에
나는 보고 있다

소금불

장모님이 요양병원으로 가시자
처갓집은 적막강산이 되었다. 앞마당 뒷마당은
잡초가 제 집인 양 새끼를 치고
힘이 빠져나간 부엌문은
들여다보는 이 없어 입을 다물었다
그을음 앉은 부엌을 치우다가 아내는
소금단지를 발견하고 집으로 가져왔다
장모님 손이 수백 번 들고날 때마다
가난한 입을 지켜주던 소금단지
사위가 가면 짤까 싱걸까
단지에서 멈칫거렸을 장모님 손그림자가
우리 집 부엌으로 이사왔다
내가 장가가던 스물아홉 살은
처갓집 마당에 두른 광목차일처럼
너무 아득하여 모두 바랬지만
소금은 장모님 머리보다 희게 빛났다
장모님이 주렁주렁 링거를 달고 계실 때

나는 문득 소금단지에서 나온 하얀 불빛이
아내의 방으로 가는 것을 보았다
그게 장모님 소금불이라는 것을 알았을 때
소금단지에는 사리 같은 소금 몇 톨이
밑바닥에 남아 있었다
소금불은 처갓집 부엌에서 태어나
하얀 꼬리를 달고 우리 집 하늘로 날아갔다

겨울 안개

겨울 안개 짙어 앞이 보이지 않는 날
친구의 부음을 들었다

아까 안개 속에서 사라진 뒷모습이
잡힐까 빠르게 도망가던 발자국이
불러도 소리 남기지 않고 가버린 사람이

혹시 친구가 아니던가 생각하며 걸었다

암덩이를 끄집어냈다며
남의 말하듯 천천히 허공을 타고 왔던 목소리가
하나도 감동스럽지 않아
나도 남의 말 듣듯 천천히 들으며 서럽지 않아

나는 걸었다. 그때 겨울 안개가 끼었다

겨울 안개는 왜 저리 허공에 뜨는가

잡으려면 차디차게 거절하는가
눈물방울 하나 남기지 않고 스러지는가

마을길 가듯 학교길 가듯 아무렇지 않게
친구는 갔다
그때가 안개 낀 마지막 겨울이었다

호박에 대한 명상

잡초밭을 기어가다가
흙담장을 오르다가
아까시나무 가시를 붙들고 무작정 올라갔다

여름하늘에 호박꽃 피었다

흙에서 나서 흙수저로 살다가
하늘 한 번 못 보고 죽을 줄 알았더니
아까시나무 꼭대기에 덩그러니 매달렸다

가을하늘에 호박덩이 달았다

저녁에도 흔들리고 아침에도 흔들리고
태풍이 지나갔어도 떨어지지 않는다
상처난 덩굴손은 옹이가 박여
죽어라 하고 하늘을 붙들고 놓지 않는다

하늘에서 흙수저 하나 익어간다

나는 풀 뽑다 말고 호박덩이를 올려다보며
만세 만세를 불렀다
사람들이 미친 사람 보듯 나를 본다

가을 하늘이 내려다본다
풀들이 올려다본다
잘한다 잘한다 맞장구친다

덩굴손이 손금을 타고 올라간다
옹이 박인 손바닥에 흙수저 하나 열렸다

동학군의 아내

동학군의 아내는 무얼 먹고 살았을까
동학군의 아내는 죽어 무슨 꽃이 되었을까

백산성*을 오르며 나는 풀꽃들에게 물었다
풀꽃은 밟아도 죄가 되지 않았다

동학년의 사발통문이 떠있는 하늘에서는
우리 할아버지의 함성이 들렸다

물소리 몰고 온 동진강은 고부 배들평에서 합수하고
죽창 들고 달려온 만경강은
죽산성*에서 소용돌이쳤다

할머니의 할머니 동학군의 아내가
이삭을 주워 먹고 살고 있는 마을
동학군의 이야기가 느티나무 뿌리처럼 뻗고 있었다

살강 위 막사발 같은 동학군 아내의 꽃

어느 삽사리 울타리 아래에 고즈넉이 피어 있다가
백산성 오르는 길목을 지키다가
청사靑史의 뒷골목에서 시들어 가다가

죽어도 서글프지 않은 꽃

때로는 마르고 때로는 넘치는 세상을 굽어보다
사발통문 사금파리가 흩어진 하늘 아래에서 죽었다

* 백산성白山城: 부안군 백산면에 있는 동학군 거점 산성.
* 죽산성竹山城: 김제시 죽산면에 있는 동학군 거점 산성.

나를 보내며

내가 석정문학관 관장을 그만두고 나오자
변산의 억새꽃들이 동진강으로 내려와
은발의 잔치를 벌였다
억새꽃들은 언제 직소폭포에서 기도했냐는 듯
울금바위에서 기다리며 살았냐는 듯
훨훨 떨쳐버리고 육자배기 춤판을 벌였다
나도 〈쑥대머리〉를 부르며 노래에 취해
춘향이가 옥중에서 낭군을 기다리며
간장의 썩은 눈물로 편지를 쓸 때
석정 선생님이 보고 싶어
벌떡 일어나 너울너울 춤을 추었다
흰머리 위로 노을이 내려와
내가 고개를 한 번 흔들면 저는 두 번 흔들고
내가 팔을 저으면 저는 하늘을 접어 흔들었다
노을밭이 서녘 하늘로 이어져
내 머리 위로 철새가 가는 것이 보였다
가자 가자

내 육신이 잠시 쉬어가는 동진강 나루에서
억새꽃은 등을 떠밀었다
나는 나를 보내며
서해로 들어가는 물소리를 들었다
내 차가 동진강 다리를 건너
어둠의 긴 터널 속으로 들어가자
억새꽃은 손을 흔들며
석정 선생님이 찾아다니셨던
내변산 능가산으로 떠났다

보공補空

하늘이 무너지고 난 뒤
그 틈을 메우는 것은 눈물이었다

바위가 돌탑이 된 뒤
그 틈을 메우는 것은 이끼였다

강물이 바다에 이르고 난 뒤
그 틈을 메우는 것은 갯벌이었다

내가 죽고 난 뒤
무엇으로 내 관 틈을 메울까

틈이 너무 성글어
쓰다 버린 시로 메우기로 했다

| 해설 |

'백신'이 없는, 사랑과 영혼의 '변종 시학'
― 정군수 『한쪽 가슴이 없는 여자』 시세계

왕태삼 (시인)

1. 사랑 너머 의미 구현에 이르는 길

　시심을 연못에 비유하자면, 정군수 시인은 봄날 만삭의 다목적댐이다. 시인은 수많은 경계를 지나온 희로애락의 모든 세계를 수용한다. 그의 몸은 세상의 홍수 난 감정과 메마른 사유를 위해 축조된 은총의 성체다. 흘러온 현상들을 깊은 수심과 사랑의 촉수로 정화하며 오래오래 진실의 수위를 쌓아왔다. 그의 시탑은 편식이 없는 대승적이다. 이제 시인은 햇볕과 달빛 받은 무량한 윤슬을 일으키며 시문을 열었다. 여섯 번째 시집의 방류다. 『조톡배추에벌레』가 우화한 지 6년 만이다.
　이번 시집은 농익은 삶의 경륜이 더욱 웅숭깊은 시심에 발효되었다. 팔십 한 잔의 청주와 탁주가 세상에 나왔다. 비유와 상징의 맛은 신선하고 현묘하다. 그것은 시의 고유한 의무이자 정군수 시인만의 탁월한 매력이다. 시적대상과의 은유는 가깝거나 멀지 않고 팽팽한 유사성에 놓여있다. 때문에 독자로 하여금 다양한 상상과 긴장의 시학을 발산한다. 또한 비둘기가 제 몸에 양념을 가지고 태어나듯, 그의 몸속에는 천부적 가락이 내재한다. 정군수의 "시어들은 줄기에서 꽃이 피는 것처럼 리듬에서 솟아난다."(옥타비오파스) 그 리듬의 원형은 번쩍거리거나 거들먹거린 적 없는 동진강의 물살이라거나, 김제만경 황톳벌을 달리던 할아버지와 아버지의 바람살이다. 결국, 시어와 시어들은 들판의 황금나락처럼 부딪치며 스스로 공명을 일으킨다. 이렇게 비유와 상징, 운율의 시적기법에 시인은 늘 충일하다. 이제 시인의 노래는 가물은 들판을 적시고 외로운 마을을 찾아간다. 아득히 먼 길이다. 시의 여백마다 애정 어린 시인의 눈빛과 못 다한 심경이 첫눈처럼 스밀 것이다.

이번 시집의 테마는 '사랑·순수·죽음·기적·영혼·가족·황혼·시대정신' 등 다양하게 승차했다. 결국 그 종착지는 여러 플랫폼을 거친 후 '의미 있는 사랑역'에서 하차한다. 먼저 「파김치」한 가닥으로 정군수 시인의 시심을 들여다보자.

    어느 삶이 지쳐 쓰러졌을 때
    숨죽어 올라온 파김치를 생각한다
    소금에 절이고 맵게 버무려져

시금시금 맛이 우러날 때까지
파김치는 얼마나 자기를 죽여야 했던가
파가 파김치가 되어야
삶은 다시 이어진다는 것을 알았을 때
저문 들길의 꽃들도 아름다웠다
꽃핀 파김치는 맛이 없다
꼿꼿하게 버티고 사는 것보다
힘을 빼야 세상은 그를 껴안는다
꽃피기 전 층계를 내려와
신국물을 우려내야 인생도 맛이 난다
팍팍한 가슴을 가진 사람에게
파김치 한 가닥을 얹어주는 일은
느리게 동행하는 길을 가르쳐 주는 것이다
노을 같은 파김치 한 보시기 앞에서
나는 보리밥 한 그릇이 된다

― 「파김치」 전문

  이 작품은 시집을 대표하는 가편이다. 시의 구성요소인 함축성·형상성·음악성이 빼어나다. '파'로 태어나 '파김치'가 되기까지, 존재의 치열한 성찰과 변화의 과정을 제시하며, 삶의 심오한 의미와 곰삭은 맛에 도달한다. 때문에 시의 전범시이자 아름다운 성장시라 할 수 있다. 형식상, 18행 단연으로 파김치 한 가닥처럼 정갈하다. 서술형 종결어미 '―다'로 반복하면서 차분한 정서의 집중화를 꾀한다.

또한 '파열음'[ㅂ, ㅍ, ㅃ]의 파편적 호흡이 화자의 낙낙한 융화의 정서로 리드미컬하게 해소되고 있다.

　1~2행은, 초극의지의 단계다. "숨죽어 올라온 파김치"는 절망의 바닥을 차고 일어서는 존재의 한계상황을 은유한다. 무거운 청각의 시각화다. 하강과 상승의 이미지 대조로 긴장과 비장미를 촉발하고 있다. 3~5행은, 내면 성찰의 단계다. "소금에 절이고 맵게 버무려져 시금시금 맛이 우러날 때까지"는 성찰의 단계를 구체적으로 형상화한다. 혹독한 삶의 통과의례다. '짠맛 · 매운맛 · 신맛'의 미각적 심상이 범주화되어 산전수전 인생 맛을 중첩 · 확장시키고 있다.

　6~8행은, 변화와 성장의 단계다. 진정한 행복은 '자기로부터의 도피'에 있음을 제시한다. 존재는 모체의 탯줄로부터 분리되어 끝없는 '배밀이 · 일어서기 · 걸음마' 과정에 던져진다. "파"는 "파"에 머무는 것을 거부한다. 자기를 죽이며 "파김치"에 도달해야만 "저문 들길의 풀들"이 위대함을 알게 된다. 9행에서는, 도도함을 은유적으로 경고한다. 모든 존재는 꽃과 열매를 가지려는 원초적 속성을 갖는다. 그러나 화자는 때와 장소를 모르는 "꽃핀 파김치"를 거부한다. 삶은 분별심을 가질 때 더욱 향기롭다는 경종의 울림이다.

　10~11행은, 동화 · 소통의 단계다. 왜 "힘을 빼야 세상은 그를 껴안는"가? 그 이유와 해법을 직설적으로 표현하고

있다. 모내기철 물꼬 튼 무논을 보자. 제 짝 찾는 개구리의 합창으로 그 논은 얼마나 아름다운가? 시멘트 바닥의 틈을 보자. 차가운 가슴을 열어 꽃 피운 마음은 또 얼마나 훤한가? 12~13행은, 겸양과 갱신의 단계다. "꽃피기 전 층계를" 내리는 행위는 타자를 위한 비유적 표현이다. 또한 "신 국물을 우려내"는 행위는 끝없는 자기검열의 수행이다. 객관적 시각으로 자기를 설익은 존재로 바라보는 황혼의 자세가 눈부시다. 내려옴으로써 파김치는 원숙한 경지에 오르는 역설을 보여준다.

14~16행은, 베풂과 동행의 단계다. 오랜 고행 끝에 발심한 파김치가 탁발에 나서고 있다. "팍팍한 가슴"의 중생들에게 "파김치 한 가닥을 얹어주는 일"은 하화중생下化衆生의 대승적 정신을 상징한다. 17~18행에서, "노을 같은 파김치"는 존경과 흠모의 대상이다. 왜 "노을"인가. 그것은 한 존재가 평생 그려온 단 하나의 원숙한 그림이기 때문이다. 그래서 화자는 성숙한 존재인 "파김치"의 곁에 머물며, 아름다운 세상에 한 톨이라도 일조하는 "보리밥"의 소망을 담고 있는 것이다.

「파김치」는 우리네 인생이 올라가야 할 아름다운 산행의 이정표다. 그 길에는 수많은 봉우리와 천길만길 벼랑이 동반한다. 치열하게 산정을 오르되 때가 되면 가을단풍처럼 곱게 내려야 함을 비유와 상징으로 말하고 있다. 이 작품을 감상하는 내내 정군수 시인의 품성이 반추된다. 그는 적선 행위를 습관처럼 남발한다. 그 옛날, 대흥사 앞마당과 캄보디아 어느 와불 앞에 서서 기도와 보시를 하던 그 눈빛이 아른거린다. 이처럼 시인의 순수한 마음이 곰삭은 「파김치」를 담았고 세상에겐 경사스러운 선물이 되었다.

2. 붉은머리오목눈이, 숲속 최고의 양부모

새들은 자유를 위해 자신의 앞다리를 내주고 날개를 얻었다. 뱁새의 또 다른 이름, 붉은머리오목눈이는 숨가쁜 어린 생명 앞에서 보편적 모성애를 발휘한다. 자신의 새끼를 잃고도 숨가쁜 타자의 생명을 외면하지 않는다. 정당한 분노를 버리고 문밖의 업둥이를 키우듯 그는 숲속 최고의 양부모가 된다. 이처럼 오월의 숲이 거룩한 것은 생명을 살리는 원초적 사랑이 있기 때문이다.

오월의 숲에 거룩한 일이 벌어지고 있다

뻐꾸기 새끼를 제 새끼로 알아
녹두꽃만 한 주둥이로 먹이를 물어다
호박꽃만 한 입에 넣어주고
붉은머리오목눈이는 숲을 날아간다

유전인자로 제 새끼를 확인하는 것은

> 인간이나 하는 일
> 품으로 부화한 뻐꾸기 새끼는
> 그냥 사랑의 자식일 뿐
>
> 뻐꾸기는 제 노래 불러 새끼를 데려가고
> 붉은머리오목눈이는 또 알을 낳는다
>
> 누구의 삶을 간섭받지 않는
> 오월의 숲에 나는 서 있다
> — 「붉은머리오목눈이의 사랑」 전문

"뻐꾸기"는 덩치가 크지만 남의 둥지에 알을 낳는 탁란조다. "붉은머리오목눈이"는 참새만 한 작은 새로 뻐꾸기의 알을 품는 숙주새다. 이 작품은 새들의 육추방법을 상호 대조하며 생명을 대하는 자연의 이치를 생생히 묘사하고 있다.

1연에서 "오월의 숲에 거룩한 일이 벌어지는" 이유는 포란과 이소의 계절이기 때문이다. 무구한 생명 탄생의 은유적 표현이다. 2연은 작은 붉은머리오목눈이가 큰 뻐꾸기새끼를 키우는 어처구니없는 장면이다. 그러나 "제 새끼로 알"고 있는 숙주새의 순수함으로 양육은 시작된다. "녹두꽃"은 작은 부리를 가진 왜소한 양부모를 은유한다. 반면에 샛노란 "호박꽃"은 양부모를 통째로 삼킬 정도의 큰 주둥이를 가진 "뻐꾸기 새끼"를 은유한다. 동시에 위험성을 내포하며 육아본능을 맘껏 자극시키는 술책이다. 이처럼 '호박꽃'은 중의적 의미를 풍성히 발화한다. 시인은 이렇게 '최적의 시어'를 적재적소에 모시려 밤새 자기를 달달 볶는 자이다.

　3연은 "유전인자로 제 새끼" 여부를 먼저 확인하려는 인간의 배타적 사랑을 냉소하고 있다. 또한 '낳은 정보다 기르는 정이 소중하다.'는 격언을 환기시킨다. 4연은 탁란에 맡겼던 친자식을 몰래 빼가는 뻔뻔한 뻐꾸기와, 아무렇지도 않은 듯 "또 알을 낳"는 붉은머리오목눈이의 순수함을 대조적으로 묘사하고 있다. 이는 생명을 잇기 위한 자연의 양가성을 은유한다. 즉, 간섭하고 간섭받는 비정과 순응의 모습이다. 그렇지만 화자는 5연에서 "오월의 숲"을 "누구의 삶을 간섭받지 않는" 공간이라 명명한다. 이는 냉혹한 새들의 세계와 달리 인간의 화평한 심경을 드러낸다. 이처럼 오월의 숲은 존재의 처지에 따라 다양한 모습[평화, 거룩, 냉혹, 순수, 사랑]으로 변주되고 있다.

　이 작품에서 화자는 '왜 뻐꾸기는 뻔뻔한가?', '왜 붉은머리오목눈이는 무능한가?' 절대 의문을 제기하지 않는다. 오로지 생명의 알, 소우주를 거두는 일이 존재의 거룩한 사명임을 가르치고 있다. 숨가쁜 생명 앞에서 절대 의문하지 않는 뱁새의 순수를 감히 뉘 따르겠는가?

3. 사랑의 힘, 여자의 가슴을 만들다.

　몸의 프리즘을 통과하는 감정 중 가장 많은 것이 '사랑'이다. 그것은 다양한 스펙트럼과 미친 회오리바람을 일으킨다. 그러니 누구나 한번쯤 '사랑의 콩깍지'에 쓰일 수밖에 없다. 사랑은 "넋 놓고 앉았다가/배가 들어와/던져지는 밧줄을 받는 것"(「배를 배며」, 장석남)처럼, 누군가에게 먼저 다가가거나 덥석 그 밧줄을 잡는 순간 발동한다.

　　한쪽 가슴이 없는 여자를 사랑하였다
　　배가 닿지 못하는 바위섬에서
　　그녀는 억센 찔레넝쿨만 키우고 살았다
　　내가 헤엄쳐 건너가자
　　그녀는 사슴을 키우기 시작했다
　　찔레순을 먹은 사슴의 머리에서 뿔이 돋자
　　내 머리에서도 향기로운 뿔이 자랐다
　　황폐한 그녀의 가슴에서도 향기가 났다
　　내가 그녀를
　　한쪽 가슴이 있는 여자라 불렀을 때
　　섬은 외롭지 않고 바닷새도 날아와 알을 낳았다
　　봉우리에서 내려온 사슴은
　　찔레꽃 핀 언덕에 앉아 바다를 보며
　　명상하듯 새김질을 하였다
　　내 가슴 하나가

> 그녀의 가슴이 되어도 좋다고 생각하는 날
> 바다는 푸르고 수심은 깊었다
> 바닷가 절벽에서 바라본 것은 육지가 아니라
> 그녀의 가슴에 자라난 풀밭이었다
> 두 개의 뿔과 한 개의 가슴이 사는 섬을
> 나는 지도에 그려 넣었다
> ―「한쪽 가슴이 없는 여자」 전문

 시집의 표제시인 이 작품은 만고불변의 주제인 '사랑'을 남성적 어조로 묘사하고 있다. 고립무원의 바위섬을 공간적 배경으로, 찔레넝쿨 뻗는 봄날을 시간적 배경으로 삼고 있다. 특히 아름다운 우리말을 데려와 사랑에 푹 빠지도록 부추긴다. '섬·뿔·알·배·가슴·사슴·바다·찔레·머리·풀밭·언덕·봉우리·바닷새' 등은 얼마나 귀한 모국어인가. 형이상학적 관념어가 거의 없이, 우리말 구체어로 도배되어 더욱 친숙한 시적감동을 선사한다. 마치 시어와 시어들이 "보석들 위에 길게 뻗어 있는 허상의 불빛처럼 그 상호 간의 반영으로 점화되고 있다."(말라르메) 이 시는 보편적 사랑 이야기이지만 참신한 낯설기로 전개되고 있다.
 1행의, "한쪽 가슴이 없는 여자"는 불구성을 가진 존재다. 가슴은 여자에게 자존감의 상징이다. 비유컨대 '한쪽 고환이 없는 남자'와 유사하다. 그런데 화자는 그 여자를

"사랑하였다"며 폭탄선언을 한다. 첫 행부터 바짝 긴장감을 촉발한다. 2~3행의, "배가 닿지 못하는 바위섬"은 고립무원의 지대다. 즉 여자의 외로운 심정을 은유한다. "억센 찔레닝쿨"은 황폐한 그녀의 정서를 나타낸 비유적 표현이다. "바위섬"과 "찔레닝쿨"은 객관적상관물이다. 고독하고 여성성을 상실한 처지를 더욱 실감나게 감정이입한다.

  4~5행, "헤엄쳐 건너가"는 단독적 행위는 목숨을 감수하면서도 그녀 곁에 있겠다는 숭고한 사랑의 의지이다. 이제 그녀의 가슴에 사랑의 바람이 인다. 그리고 살아갈 이유를 회복한다. 그녀가 "사슴을 키우기 시작했다"는 것은 순수한 사랑의 힘을 배웠기 때문이다. 6~8행에서, '찔레닝쿨'은 "찔레순"으로 곱게 변신했다. 억센 그녀가 사랑을 먹고 순수함으로 다시 태어난 것이다. 돋아난 사슴의 "뿔"은 사랑의 탑을 상징한다. "뿔"은 수사슴만의 고유상표다. 봄이면 떨어져 나가도 재생한다. 따라서 "사슴"은 '수사슴'으로 위장한 화자 자신의 '아바타'라 은유할 수 있다.

  9~11행에서, 또 하나의 대반전이 작열한다. "한쪽 가슴이 없는 여자"를 "한쪽 가슴이 있는 여자라 불렀을 때" 외롭던 섬이 순식간 풍요로워진다. 말이란 '이' 다르고 '아' 다르단 것임을, 참으로 섬뜩하고 경이로운 사랑의 말이다. 절망을 긍정의 눈빛으로 바라볼 때 기적이 일어남을 보여준다. 이는 '피그말리온'적 표현기법이다. 세상을 바라보는 화자의 따뜻한 시선과 재치가 선하게 투영되고 있다.

이 시집에서 가장 '아름다운 사랑이 전하는 말'로 기억되지 않을까 싶다.

12~14행의, "찔레꽃 핀 언덕"은 시간의 흐름을, 사슴의 "새김질"은 과거의 반추를 은유한다. 15~17행에서, "내 가슴 하나가 그녀의 가슴이 되어도 좋다"는 것은, 심장마저 떼어 주고 싶은 사랑의 희생적 모습이다. 이는 화자가 세계를 응시하는 마음이 "바다는 푸르고 수심은 깊"은 심연의 경지에 도달했음을 비유한다.

18~19행의, 이제 화자의 눈에 보이는 것은 떠나왔던 "육지"가 아니다. 찬란한 "그녀의 가슴에 자라난 풀밭"이다. "풀밭"은 그녀의 소생이며, 화자의 아바타인 "사슴"이 살아갈 수 있는 지상 낙원을 상징한다. 20~21행에서, 황폐했던 바위섬은 "두 개의 뿔과 한 개의 가슴이 사는" 사랑의 섬으로 부활했다. 이는 화자가 외로운 바위섬에 순수한 사랑을 날랐기 때문이다. "지도에 그려 넣었다"는 것은 소생한 사랑을 영원히 가슴에 새기거나 수호하려는 의지적 행위를 은유한다.

「쇼생크탈출」은 자유를 찾아 육지로 나갔지만, 화자는 사랑 찾아 섬으로 헤엄쳐 들었다. 흔히 예술작품에서 사랑의 목적은 같다. 그러나 '어떻게 사랑에 다가서는가?', '어떠한 모습으로 사랑은 분출되는가' 그 새로운 기법이 중요하다. 표제시「한쪽 가슴이 없는 여자」는 낯설기, 모호성, 중의성으로 다양한 의미해석과 신선한 정서를 환기한다. 이것은 정군수 시인의 의도된 깊은 시적 기교다. '사랑'이라는 일상적 대상에 새로운 기법을 타서 새로운 세계를 경험하도록 꾸몄다. 예술의 목적이 "지각의 과정 그 자체가 미적 목적이고 그 시간은 연장되어야 한다."(쉬클로프스키)는 정의에 부합하는 신선한 작품이라 할 수 있다.

4. 상호텍스트로 보는 '죽음의 성찰', '보공'으로 부활하다.

정군수 시인은 치열한 죽음의 성찰을 통해 자기 심판을 상정한다. 자기 형벌로부터 철저한 무관용 원칙이다. 절대자의 구원의식이 아닌 실존적 구원의식에 가깝다. 결국, 죽음의 세계를 통해 현세적 삶의 가치를 고양시키는 역설을 보여준다. 상호텍스트를 통해 어떻게 죽음의 세계를 승화하는지 살펴보자.

❶ 가을 언덕에 서면 억새의 뿌리가
저승의 물소리와 이어졌다는 것을 안다
… (중략) …
가을 억새는 영혼이 맑아 그 소리를 듣고
한밤중에도 하얗게 몸을 흔든다
… (중략) …
머리가 희어질 때까지
저승 물소리를 부르고 있다

-「저승 물소리」부분

❷ 펄펄 끓는 기름가마솥에서 나오려 해도
수문장은 안으로 밀어 처넣습니다
… (중략) …
나를 구하지 마세요
나만 내 손을 잡을 수 있습니다
-「지옥도 속에 내가 있다」부분

❸ 하늘이 무너지고 난 뒤
그 틈을 메우는 것은 눈물이었다

바위가 돌탑이 된 뒤
그 틈을 메우는 것은 이끼였다

강물이 바다에 이르고 난 뒤
그 틈을 메우는 것은 갯벌이었다

내가 죽고 난 뒤
무엇으로 내 관 틈을 메울까

틈이 너무 성글어
쓰다 버린 시로 메우기로 했다
-「보공補空」전문

작품 ❶에서 "저승의 물소리"는 맑은 '영혼의 소리'다. 화자는 맑은 영혼의 "가을 억새"가 되어 그 소리를 듣고자 한다. 그리하여 "하얗게 몸을 흔"들고자 한다. 그런데 화자의 귀에는 들리지 않고 춤출 수 없는 고뇌만 깊어간다. 왜일까? 화자는 이승과 저승의 매개체인 내면의 '썩은 뿌리'에서 그 연유를 찾는다. 튼실한 발끝을 딛고 가벼이 춤추는 발레리나처럼, 흰나비를 꿈꾸려는 자아비판에 강하게 젖어 있다. "뿌리"는 차안과 피안을 잇는 '가교'를 넘어 '열린 귀/자세'를 함의하는 중의적 표현이다. 따라서 "저승"의 영역도 '죽음의 세계'를 초월하여 '미지의 현 세상'으로 되돌아와 의미를 반전/증폭시키고 있다. 이러한 역설은 새로운 시적정서와 환기를 풍부히 제공한다.

시 ❷는 전생에서 저지른 악행에 대한 형벌의 모습과 실존적 구원의식을 묘사하고 있다. '화탕지옥火湯地獄'에서 스스로에게 터럭만큼의 관용도 없이 죄의 대가를 준열히 묻고 있다. 지옥도는 망자가 죄의 심판을 받는 곳이다. 이곳을 현실세계에 재현한 곳이 절의 명부전이다. 동서양, 종교를 망라하여 죄의 과보를 묻는 일은 크게 다르지 않다. 하지만 이 작품은 '지옥·연옥·천국'을 순례하는 단테의 『신곡』과는 달리, 본인 스스로 "지옥도"로 육박해 들어가 고통의 형벌을 받는다. 스스로 죗값을 치르는 구원의 자세다. 절대자의 심판과 구원의식이 아닌, 비장한 실존적 참회를 통한 처절한 내면의 부활 의식이다. 이로써 화자는 거리낌이 없어지고, 공포가 사라지고, 깨달음의 경지인 '반야에 이르는 반어와 역설을 보여주고 있다.

　작품 ❸「보공補空」은 여백의 미가 왜 아름다운가? 그 상투적 진실을 다양한 은유적 수사로 제시한다. 사전적 의미로 '보공'은 빈 곳을 채워서 메우는 물건을 말한다. 이 시는 최후의 죽음까지 "틈"이 있다는 깊은 교훈과, 그 "틈"을 "메우는" "보공"이야말로 가장 소중한 것임을 비유적으로 표현하고 있다. 형식구조상 5연으로 된 '여백'은 제목 '보공'의 정서에도 부합한다. 행간 속에는 보이지 않는 호흡과 함축으로 내장한다. 이로써 시는 의미의 폭을 더욱 확장/발화한다. 의미구조상 "하늘·바위·강물·내"는 각각 "천붕·돌탑·바다·죽음"으로 존재양태를 변모시키며 또 다른 "틈"을 양산한다. 이로써 모든 존재는 다시 새로운 "틈"과 '여백'의 성찰기회를 갖는다. 화자가 "틈"의 세계를 응시하는 자세는 주목할 만하다. 가히 세밀하며 미학적이다. "눈물"은 '천붕'의 통곡을 무언으로 감싸 준다. "이끼" 없는 "돌탑"은 얼마나 삭막할까? "갯벌"은 "바다"로 들어서는 "강물"이 갈채를 받는 양탄자길이다. 이처럼 화자는 우주만물의 변화과정인 성주괴공成住壞空의 "틈"에 미세한 서정의 옷을 입히고 있다. 결국 큰 것의 아름다움은 작은 [눈물·이끼·갯벌·시]것으로 메워질 때야 완성에 다가감을 은유하고 있다. 또한 이 작품은 '보공'답게 '언어의 경제성'을 유감없이 발휘하고 있다.「보공」은 삶, 세계, 죽음을 대하는 화자의 자세가 밤하늘의 뭇별처럼 탄탄히 빛나는 절창이다.

5. 고비사막, 영혼의 원류를 찾아가다.

『모르는 세상 밖으로 떠난다』(첫시집)처럼, 정군수 시인은 늘 영혼을 찾아다니는 '노마드족'이다. 해가 갈수록 그 병적유랑은 심해진다. 이번 시집에서도 고비사막에서 길어 올린 간절한 "기도의 문"으로 7편의 작품을 낳았다. 몽골어 고비[gobi]는 '풀이 자라지 않는 거친 땅'이라는 불모지대를 뜻한다. 시인은 극한 체험으로 '생명의 존엄, 행복한 주검, 근원적 고독, 영혼의 고향, 자연에의 순응'과 조우한다. 그 낯선 고비에서 "이방인이 아닌 나를 본다"(「고비사막에 뜨는 별」)라며 '영혼의 고향'을 찾게 된다. 결국 그는 "고비사막에 와서 내가 처음 시인이라는 것을 알았다"(「고비사막에 내리는 비」)며 고백하고 있다.

> 내 몸에 몽골반점이 있다는 이유만으로
> 사람도 짐승도 바람도 낯설지 않았다
> 일곱 시간을 달려 왔어도
> 몸 하나 감출 곳을 허락하지 않는 고비사막
> 나는 원의 한가운데에서
> 말라버린 소똥과 돌멩이들과 지평선을 구르고 있었다

모래 언덕 넘으면 낙타가 살고 또 넘으면 염소가 살고
넘으면 넘으면
타다 지친 태양이 그만 오라고 붉은 장벽을 친 노을
그 아래 몽골반점처럼 찍혀있는 게르
거울에도 보이지 않고 만져도 잡히지 않는 몽골반점이
어미 찾는 송아지와 살고 있었다
돌멩이에서 풀싹이 나야 새끼를 낳고
풀싹을 먹어야 몽골반점은 자라 어미가 되었다
지평선 마루에 떠있는 바다를 신기루라 우겨도
끝나야할 곳에서 끝나지 않은 낙타의 걸음
가면 멀어지고 오면 따라오는 신기루
낙타의 눈썹은 바다를 먹은 눈물로 젖어있었다
어느 때 바다 속 바위산이었을 너덜겅을 달리며
내 몽골반점은 아프다
덜컹거리는 차 속에서 몽골반점은 점점 부어올라
내 몸속에서 나를 보고 있었다

─「몽골반점을 찾아서」전문

이 시는 화자가 '잃어버린 영혼'을 찾아가는 오랜 노정과 만남을 황홀히 묘사하고 있다. 결국 '영혼'을 찾는 '화자'와, 찾지 못한 "낙타"를 대조시키며, 세계를 응시하는 법을 성찰하게 한다. "몽골반점"은 엉덩이 부위에서 관찰되는 영아의 푸른 점이다. 대개 아동기에 사라진다. 화자는 "몽골반점"을 존재의 '잃어버린 영혼'으로 비유한다. "몽골반점"은 어머니의 자궁으로부터 나온 생명의 원형이고 영혼의 고향이기 때문이다. 때문에 화자는 고비사막에서 "몽골반점"을 동류의식의 근원적 매개체로 인지한다. 그리하여 고비사막의 첫인상을 "사람도 짐승도 바람도 낯설지 않았다"고 진술한다. 그러나 화자가 찾는 "몽골반점"은 쉽게 나타나지 않는다. "일곱 시간을 달려 왔어도/몸 하나 감출 곳"없는 "원의 한가운데"에서 구를 뿐이다. "일곱 시간"이란 실제의 시간이 아니라, '영혼'을 만나고자 하는 화자의 정서적 신념과 인내를 비유한다. 그 길 위에서 만났던 "소똥·돌멩이·모래언덕·태양·노을·게르" 등의 시어는 둥근 심상의 유사성으로 범주화되어, '영혼'을 찾아가는 길의 속성과 풍경을 생생하고 부드럽게 붓질하고 있다. 이는 황홀한 '영혼/몽골반점'과의 극적 상봉을 위한 시적장치이기도 하다. 천신만고 끝에 화자는 "몽골반점"을 만난다. 그것은 "어미 찾는 송아지와 살고 있었다"며 의표를 찌르고 만다. 갓 태어난 순수한 생명들에게서 눈 시린 '영혼'을 발견한 것이다. "돌멩이에서 풀싹이 나야 새끼를 낳고/풀싹을 먹어야 몽골반점은 자라 어미가 되었다"는 것은 역경에 던져진 존재론적 상황을 "몽골반점"에 숙명적으로 비유하고 있다. 시퍼런 풀싹을 먹어야 하는 "몽골반점"이기에 '푸른 영혼'일 수밖에 없는 자각에 이르게 된다. 이와는 대조적으로 눈물 젖은 "낙타"는 신기루를 향해 걸음을 멈추지 않는다. 이미 '영혼'을 찾은 화자는 "내 몽골반점은 아프다"며 연민의 시선으로 낙타를 바라본다. 화자는 가던 걸음을 멈추고 결국 '영혼'을 찾았지만, 낙타는 신기루를 '잡을 수 있다'는 환상에 젖어 지금도 사막을 걷고 있는 슬픈 존재로 비유하고 있다. 때문에 "낙타의 눈썹은 바다를 먹은 눈물로 젖"을 수밖에 없는 것이다. 이 작품에서 "몽골반점"은 우리들의 '잃어버린 영혼'을 은유한다. 동시에 그 '영혼'은 먼 곳이 아닌 '순수한 시선'으로 세계를 응시할 때 '잡을 수 있는 신기루'임을 함의하고 있다.

6. 어머니로부터 발아한 시의 싹, 아버지의 황토길로 달리다.

바슐라르는 "시인이란 우리 내부에서 유년기의 우주성을 일깨우는 자이다."라고 정의했다. 이처럼 정군수 시인의 우주성은 흐르는 "은하수" 아래서 탄생했다. '할머니-어머니-손자' 셋에서 지어낸 설화적 풍경을 엿보면, 시의 싹은 어머니의 남다른 시심으로부터 발아되고 있음을 포착한다.

> 은하수가 정지문 앞으로 와야 잠이 드는 나에게
> 어머니는 이 이야기를 들려주었다
>
> 숭늉그릇에 남아있는 누룽지는
> 달빛에 비친 할머니의 흰머리였노라고

—「어머니는 시인이었다」부분

  시인은 어느 늦은 봄밤 "아버지는 갈수록 보고 싶어지는 존재다."라고 나직이 말한 적 있다. 그윽한 눈빛이 지금도 선하다. 이번 시집에서 그는 아버지(「무논」,「메주꽃」,「억새와 으악새」 등)로부터 7편의 시를 선물 받았다. 환인–환웅–단군이 신의 가계家系를 이어왔듯, 정군수 시인도 할아버지–아버지로부터 의로운 농부가의 핏줄을 이어받았다. 단군은 신단수 아래 신선이, 그는 황토길 위를 달리는 시인이 되었다.

> 무릎장단을 치던 아버지 곁에서
> 나는 서럽지 않은 농군의 자식이 된다
> 죽창 매고 동학군 따라 들길을 달리던
> 부끄럽지 않은 할아버지의 손자가 된다
—「농주」부분

7. 모던한 선비 시인, '서어나무 위에서 노래하는 팔색조'

  어느새 정군수 시인은 희수喜壽를 맞이했다. 시마詩魔가 그렇게 이끌었다. 수십 년째 분필가루를 먹고 있는 '문예창작교실'도 한몫했을 것이다. 이제는 자신에게 찾아온 황혼을 귀빈으로 접대하며 시적대상의 으뜸으로 모시고 있다.

모던한 선비, 정군수 시인은 '서어나무 위에서 노래하는 팔색조八色鳥'다. 서어나무는 숲의 천이遷移에서 대미를 장식하는 터줏대감이다. 우람한 기둥은 점점 훤해지고, 그 결은 여전히 매끄럽고 탄탄하다. 또한 나부끼는 작은 잎새는 자냥스럽다. 때문에 서어나무가 산다는 것은 그 세계가 친밀하고 건강하고 원숙하다는 은유다. 시인의 시적풍모도 점점 헌걸스럽고 사랑과 영혼으로 서리어 간다. 그의 시적사유는 끝없는 변이를 부르는 팔색조다. 회화의 스푸마토(sfumato)처럼 비유와 상징은 천의무봉하며 일색 신비하다. 정군수 시인의 제짝은 천생 시다. 오늘도 이 산 저 산 크휙크휙 홀로 우는 나그네새. 그 길 위에 무량한 꽃비를 뿌린다. 꿈속에서도 엽서 한 장 품고 한계령을 헤매는 시인의 날갯짓이 들려온다. 그 광명의 노래에 뒤척인 제자의 졸문을 민망스레 바친다.

정군수 시집
한쪽 가슴이 없는 여자

초판 인쇄 2021년 07월 12일
초판 발행 2021년 07월 15일

지은이　정군수
발행인　서정환
펴낸곳　인간과문학사
주　소　서울시 종로구 삼일대로 32길 36(익선동 30-6 운현신화타워 빌딩) 305호
전　화　(02) 3675-3885, (063) 275-4000
팩　스　(063) 274-3131
이메일　human3885@naver.com   inmun2013@hanmail.net
출판등록　제300-2013-10호
인쇄·제본　신아출판사

이 책의 저작권은 인간과문학사와 저자에게 있습니다.
양측의 서면 동의 없는 무단 전재 및 복제를 금합니다.
저자와 협의하여 인지는 생략합니다.
잘못된 책은 바꿔 드립니다.

ISBN　979-11-6084-153-4　　03810

값 10,000원

* 이 시집은 지역문화예술육성지원사업의 일부를 지원 받아 발간하였습니다.